社会医疗保险
信息系统的统筹规划

路 云·著

东南大学出版社
·南京·

图书在版编目(CIP)数据

社会医疗保险信息系统的统筹规划/路云著. --南京:东南大学出版社,2013.12
ISBN 978－7－5641－4722－8

I.①社… II.①路… III.①医疗保险-信息系统-统筹管理-研究-中国 IV.①F842.684

中国版本图书馆 CIP 数据核字(2013)第 320166 号

社会医疗保险信息系统的统筹规划

著　　者	路　云
出版发行	东南大学出版社
社　　址	南京市四牌楼 2 号(邮编:210096)
出 版 人	江建中
责任编辑	唐　允
印　　刷	南京玉河印刷厂
开　　本	850mm×1168mm　1/32
印　　张	6.875
字　　数	180 千字
版　　次	2013 年 12 月第 1 版
印　　次	2013 年 12 月第 1 次印刷
书　　号	ISBN　978－7－5641－4722－8
定　　价	22.00 元

＊ 东大版图书若有印装质量问题,请直接与营销部联系,电话:(025)83791830。

前　言

随着医疗保险制度改革的不断推进和深入,医疗保险信息系统作为保障服务的一项技术手段,发挥着越来越重要的作用。医疗保险信息系统是医疗保险管理中不可缺少的支持系统,是一个以人为主导,运用计算机硬件、软件、网络通信等信息技术以及其他办公设备,依托公用信息平台进行信息的收集、传输、加工、储存、更新和维护,建立的统一的医疗保险业务管理及服务体系。医疗保险信息系统包括医疗保险基金缴纳、记录、核算、支付及查询服务等业务功能,保障着基本医疗保险改革政策的顺利实施,支持高层决策、中层控制和基层运作,能够不断提高医疗保险管理效率及决策的科学性。除此以外,医保信息系统还可以利用过去及现在的数据预测未来,实测医疗保险运行过程中的各种功能情况,利用信息控制医疗保险的运行,帮助医疗保险机构实现其规划的目标。

2009 年中共中央国务院出台的《关于深化医药卫生体制改革的意见》中明确提出,"建立实用共享的医药卫生信息系统,大力推进医药卫生信息化建设。以推进公共卫生、医疗、医保、药品、财务监管信息化建设为着力点,整合资源,加强信息标准化和公共服务信息平台建设,逐步实现统一高效、互联互通"。2010 年新出台的《中华人民共和国社会保险法》中也规定"个人跨地区就业的,其基本医疗保险关系随本人转移,缴费年限累计计算",这对医疗保险异地结算、医疗保险信息互联互通提出了明确的要求。

根据金保工程的规划,医疗保险信息系统的建设工作应按照人力资源和社会保障信息化建设的总体规划,依托人力资源社会保障信息系统技术平台和金保工程建成的基础设施,建设服务于医疗保险领域的应用软件体系,完善相关应用软件的业务功能、运行环境和基础设施,支持各级医疗保险经办机构的业务经办,并提供统一的社会化服务和管理。医疗保险信息化建设以构建全国一体化的医疗保险信息系统为最终目标,建设内容包括统一的数据中心、信息网络、业务应用软件、运行环境等方面,以及集成相关应用软件、信息资源的建设方案和技术平台。

在这些政策指引下,全国各地纷纷开始建立医疗保险信息管理系统,迄今为止,绝大部分的县区医保中心都已经建立了各自的医疗保险信息系统。然而由于各地在初期统筹层次较低,地方的医疗保险政策不一致,所开发出的信息系统水平低、兼容性差,业务流程管理没有统一标准,无法实现资源共享,更无法解决个人账户转移续接等实际问题,严重阻碍了医保制度改革及相关政策的进一步深化。本书在对医疗保险制度的发展历程进行全面回顾和梳理的基础上,借鉴新型农村合作医疗信息系统和医院管理系统的建设经验,分析了我国医保信息系统的通用业务需求,按照金保工程的相关要求,明确了目前我国医保信息系统的建立目标、建设思路和指导原则,设计了一套评价现有医疗保险信息系统的指标体系,并借助这套评价指标系统,通过实地调研分析了目前我国医保信息系统面临的主要问题,提出了医保信息系统提高统筹层次的路径和措施,最后对医保信息系统未来的发展方向提出了相应的建议。

目　录

第1章 我国医疗保险制度的发展历程

我国正处于医改的关键时期,医疗保险制度正在不断地完善。社会医疗保险制度作为社会保障体系的重要组成部分,在促进社会生产、调节收入差距、体现社会公平以及维护社会安定等方面发挥着重要作用,是社会文明和进步的标志。

社会医疗保险制度是指国家通过制定法律法规,向因患病、负伤和生育而暂时丧失劳动能力的劳动者提供医疗服务或经济补偿的社会保障制度。在我国社会医疗保险制度的建设和完善过程中,所形成的标志性阶段一共有四个:一是1998年年底国务院颁布《国务院关于建立城镇职工基本医疗保险制度的决定》,其中明确指出加快医疗保险制度改革、保障职工基本医疗是建立社会主义市场经济体制的客观要求和重要保障;二是2003年针对广大农村居民的医疗保障问题,出台《关于建立新型农村合作医疗制度的意见》;三是2007年进一步针对城市居民出台《国务院关于开展城镇居民基本医疗保险试点的指导意见》;四是2010年10月28日《中华人民共和国社会保险法》颁布,它完成了我国基本医疗保险的制度设计安排。

本章主要是从历史发展的角度,对我国的医疗保险制度不同时期的变迁进行回顾,明确我国目前的医疗保险体制格局,并提出亟待解决的问题。

1.1 劳保医疗和公费医疗制度
（1951年至1994年）

1.1.1 劳保医疗

1951年2月政务院发布了《中华人民共和国劳动保险条例》及其实施细则，明确规定了劳保医疗的享受对象及待遇，从而建立了我国的劳保医疗制度。全民所有制工厂、矿场、铁路、航运、邮电、交通、基建、地质、商业、外贸、粮食、供销合作、金融、石油、水产、国营农牧场、造林等产业和部门的职工及其供养直系亲属均可享受劳保医疗制度。劳保医疗制度建立初期享受人数约为1 100万人，到1995年底，大约有14 031万人（不包括直系亲属）。

劳保医疗制度主要在国有企业实行，部分集体所有制参照执行。企业职工患病后，在该企业的卫生室或医务室、医院、特约医院诊治，其所需诊疗费、住院费及普通药费均由企业负担。企业职工供养的直系亲属患病时，由企业负担一半的手术费及普通药费。

企业职工的医药费由企业依据国家的规定，从按职工工资总额的一定比例提取的职工福利基金中开支。职工福利基金包括企业奖励基金、福利费、医疗卫生费，提取比例最初为3%，1957年为4.4%~5.5%，1969年为11%，其中医疗卫生费为5.5%。劳保医疗经费由企业自行管理与使用，超支部分由企业负担。劳动财政部门和工会负责监督实施。

1.1.2 公费医疗

1952年政务院发布《关于全国人民政府、党派、团体及所属事业单位的国家工作人员实行公费医疗预防的指示》，随后批准发布《国家人员公费医疗预防实施办法》，标志着我国公费医疗制度的建立。

公费医疗的覆盖范围包括全国各级政府、党派、团体,以及文化、教育、卫生、经济建设等事业单位国家工作人员和离退休人员,还有国家正式核准的高等学校学生和残疾军人。

公费医疗的享受待遇是指到指定的门诊部或医院就诊、住院,以及经批准的转院,除挂号费、营养滋补药品以及整容、矫形等少数项目由个人自付费用外,其他医疗费用全部或大部分由公费医疗经费开支。支付的主要内容包括门诊、治疗所需要的检查费、药品费、治疗费、手术费、床位费、计划生育手术的医药费、因公负伤、致残的医药费用等。

公费医疗经费来源于国家预算拨款,经费由国家财政拨付给各级卫生财政部门,遵循专款专用、单位统一使用的原则,由各级政府卫生行政部门设立公费医疗管理机构统一管理。公费医疗经费开支标准,即每人每年享受待遇的预算定额,由中央财政确定,超支部分由地方财政补贴。在1980年之后,国家将公费医疗定额标准交由各地方政府确定。

劳保医疗和公费医疗制度对我国医药卫生事业作出了重大的贡献,其时代意义是毋庸置疑的。但随着社会主义市场经济体制的确立和国企改革、改制的不断深化,这两种医疗保险制度面临着前所未有的困境,难以为继。主要表现在:一是医疗费用由国家和企业单位包揽过多,缺乏合理的资金筹措机制和稳定来源;二是缺乏有效的制约机制和监管机制,医疗费用增长过快,浪费严重,财政和企业不堪重负;三是企业改制,导致医疗保障的覆盖面窄,管理和服务的社会化程度低,抗风险能力差。

1.2 传统农村合作医疗制度(1955年至1982年)

农民、农村及农业问题(即"三农"问题)长期以来都是中国一个带有全局性、战略性的问题。虽然中国的改革是从农村开始的,但是发展至今,"三农"问题仍然是中国政府非常关注的一个问题。

中国是一个农业大国,如果农民的健康不能得到全面改善,中国经济的发展势必将受到很大的影响和制约。

我国农村合作医疗,最早起始于 20 世纪 30 年代末。1938 年陕甘宁边区创立的保健药社和 1939 年创立的卫生合作社,是合作医疗制度的鼻祖。当时,因伤寒、回归热等传染病流行,边区政府应群众要求,委托当时的商业销售机构大众合作社办理合作医疗,资金由大众合作社和保健药社投资,并吸收团体和私人股金,政府也赠送一些药材,这是一种民办公助的医疗机构。

这段时期,合作医疗作为互助共济的雏形,由于其基本采用的是"合作制"和"群众集资",不具有医疗保险的性质,所以把它们看作是后来的合作医疗制度的萌芽,它们为后来实行保险性质的合作医疗制度奠定了基础。

我国农村正式出现具有医疗保险性质的合作医疗,是在 1955 年农村生产合作化高潮时期。随着农业生产合作化的发展,山西省高平县米山乡等地先后办起了合作医疗。1956 年河南省正阳县王庄乡团结社依靠集体经济的力量办起了合作医疗,山西、河南等省的合作医疗都是采取由社员群众出"保健费"和生产合作社公益金补助相结合的办法,由群众集资兴办合作医疗,实行互助互济。

1956 年,全国人大一届会议通过的《高级农业生产合作社示范章程》中规定,合作社对于因公负伤或因公致病的社员要负责医疗费用,并且要酌量给予劳动日作为补助,从而首次赋予集体介入农村社会成员疾病医疗的责任。

随着 1958 年人民公社的兴起,全国掀起了举办合作医疗的第一次热浪。1959 年 11 月,在山西省棱山县召开了全国农村卫生工作会议,正式肯定了农村合作医疗制度。1960 年 2 月 2 日,中共中央转发了卫生部关于全国农村卫生工作会议的报告及其附件,并要求各地参照执行。但在三年自然灾害期间,因农村集体经济大幅削弱,合作医疗制度一度遭受挫折。

该时期的合作医疗已经具备了社会保险性质,但是由于受到人民公社运动中"左"的影响,合作医疗也刮起了"共产风",搞"供给制",实行"看病不要钱"等不切实际的做法,超越了农村现实的经济条件和农民的觉悟水平,给后来合作医疗的正常发展埋下了隐患。

1965 年 1 月,在农村开展社会主义教育运动时,毛泽东主席作出"组织城市高级医务人员下农村和为农村培养医生"的指示。1965 年 6 月 26 日,毛泽东主席又作出"把医疗卫生工作的重点放到农村去"的指示。这两项重要指示的贯彻落实使农村医疗卫生工作得到很大加强,合作医疗制度进一步在全国推行,"赤脚"医生的医疗水平也有很大提高。1965 年 9 月,中共中央批转卫生部党组《关于把卫生工作重点放到农村的报告》,强调加强农村基层卫生保健工作,极大地推动了农村合作医疗制度的发展。到 1965 年年底,山西、湖北、江西、江苏、福建、广东、新疆等 10 多个省(自治区)的部分县市实行了合作医疗制度,合作医疗逐步成为全国农民享受医疗保障的基本形式。如当时湖北麻城县 13 个公社中有 10 个公社实行合作医疗制度,群众看病时医疗费予以报销,基金的筹集办法是由大队统一扣除,参加合作医疗的人数占全县总人数的 84.1%。

合作医疗的大面积普及,是在 1966 年以后的"文革"期间。一方面是由于广大农村防病治病的需要,更重要的是,1966 年毛泽东主席批示,要求推广湖北省长阳县乐园公社的合作医疗经验。1968 年 12 月 5 日,《人民日报》头版头条发表《深受贫下中农欢迎的合作医疗制度》,报道了湖北省长阳县乐园公社创办合作医疗的经验和体会。再加上"文革"政治运动的推动,全国掀起了举办合作医疗的第二次高潮。

1978 年我国将合作医疗写入了宪法;1979 年,卫生部、农业部、财政部、国家医药总局、全国供销合作总社等部委联合下发了《农村健康保障章程(试行草案)》;到 1980 年,我国农村合作医疗制度的覆盖率达到全国农村行政村（生产大队）的 90%，覆盖了 85% 的农村人口，从而被世界银行和世界卫生组织誉为"发展中国家解决卫生筹资的唯一范例"。

1978 年，随着家庭联产承包责任制在全国农村的实行，人民公社体制解体，农村集体经济开始迅速萎缩，导致维持合作医疗正常运转的基金筹集越来越困难。同时，由于指导思想上发生了偏差，一部分干部认为合作医疗是"文革产物"，是搞平均主义，吃"大锅饭"，部分农民也有不满情绪，在这种宏观大背景下，全国大多数社队的合作医疗就快速地走向解体、停办，部分村卫生室（合作医疗站）变成了乡村医生的私人诊所，致使合作医疗覆盖面大幅下降，由 1979 年的 90% 骤降到 1983 年的 20% 以下，到 1986 年坚持合作医疗的行政村下降到 5% 左右，跌入农村合作医疗的最低谷，在此之后，农民基本上没有了医疗保障。

1.3　城镇职工基本医疗保险制度（始于 1998 年）

改革开放后，农村合作医疗曲折发展的同时，城镇职工医疗保障制度也迫于自身的缺陷和外在形势的压力，从企业自发改革到政府参与引导，在"摸着石头过河"的艰辛探索中，走上了革故布新之路。

1998 年，国务院召开全国医疗保险制度改革工作会议，在总结各地经验的基础上，发布了《国务院关于建立城镇职工基本医疗保险制度的决定》（国发〔1998〕44 号）和《社会保险费征缴暂行条例》（国务院令第 259 号），要求在全国范围内建立覆盖全体城镇职工的基本医疗保险制度。决定中要求城镇所有用人单位及其职工，都要参加职工基本医疗保险，明确了城镇职工医疗保险制度改革的目标、原则和主要政策。这一决定标志着我国医疗保险制度的改革迈出了关键的一步，之后全国各地的城镇职工基本医疗保险制度进入全面实施阶段，我国的医疗保险事业也开始由计划经济体制下的公费医疗制度转向符合社会主义市场经济体制的医疗保险制度。

迄今为止,城镇职工医疗保障制度改革经历了 3 个主要阶段:

第一阶段是从 20 世纪 80 年代初至 1993 年。改革直指问题最为严重、群众反映最为强烈的铺张浪费、"以病谋私"的现象,从规范看病、控制药费抓起,采取了医疗费用与个人挂钩、社会统筹、加强管理等办法。

第二阶段是从 1993 年年底至 1998 年。1993 年 11 月,中共十四届三中全会通过的《关于建立社会主义市场经济体制若干问题的决定》指出:"城镇职工养老和医疗保险由单位和个人共同负担,实行社会统筹和个人账户相结合。"以此为起点,在中共中央和国务院的直接组织领导下,开始了"统账结合"模式的社会医疗保险探索试验,并最终将其确定为全国普遍实施的新型医疗保障模式。

第三阶段是从 1998 年至今。1998 年 12 月 14 日,国务院发布《关于建立城镇职工基本医疗保险制度的决定》,提出医疗保险制度改革的主要任务是建立城镇职工基本医疗保险制度,即适应社会主义市场经济体制,根据财政、企业和个人的承受能力,建立保障职工基本医疗需求的社会医疗保险制度。它的颁布标志着城镇职工医疗保障制度改革进入了建立新型医疗保险制度的阶段,传统的公费医疗和劳保医疗制度退出历史舞台,取而代之的是城镇职工基本医疗保险制度。为了确保医疗保障制度改革的顺利进行,从 2000 年起国务院提出同步推进城镇职工基本医疗保险制度、医疗卫生体制和药品生产流通体制三项改革并举。在政府的大力推动下,城镇职工基本医疗保险改革工作进展较快,参保人数逐年扩大,实现了梯次推进的设计方案。而且,各地医疗保险基金运转平稳,基本达到了"以收定支、收支平衡"的要求。2009 年 4 月,中共中央和国务院出台了《关于深化医药卫生体制改革的意见》和《医药卫生体制改革近期重点实施方案(2009~2011 年)》,新医改方案将完善基本医疗保障制度作为医改的重点之一,要求城镇职工医疗基本保险继续扩大覆盖面,尽快实现覆盖全体城镇就业人员的目标。

1.4　新型农村合作医疗制度(始于 2002 年)

传统农村合作医疗曾在解决广大农村基本卫生问题方面发挥了重要作用,但随着经济体制改革,传统合作医疗保险因与经济发展水平不相适应而逐渐停止。

1989 年统计表明,继续坚持合作医疗的行政村仅占全国的4.8%,自费医疗再次成为农村占主导地位的医疗制度。全国仅存的合作医疗主要分布在上海和苏南地区。

为兑现"将全面落实农村初级卫生保健工作"这一承诺,政府曾力图恢复农村合作医疗制度,合作医疗出现了一个短暂的复苏时期。1991 年,党中央和国务院再次肯定合作医疗,提出"稳步推行合作医疗保健制度",并采取了一定的措施。1993 年国务院政策研究室和卫生部通过广泛的调查研究,提出了《加快农村合作医疗保健制度的改革和建设》研究报告,同年,《中共中央、国务院关于卫生改革与发展的决定》中指出,"合作医疗对于保证农民获得基本医疗服务、落实预防保健任务、防止因病致贫具有重要作用","力争到 2000 年在农村多数地区建立起各种形式的合作医疗制度,并逐步提高社会化程度"。

国务院主张继续推行合作医疗制度,要求各地在总结历史经验的基础上,根据本地区实际情况,因地制宜地建立符合群众利益的合作医疗保健制度。经过数年探索改革,2002 年 10 月 29 日,中共中央、国务院发布了《关于进一步加强农村卫生工作的决定》,首次正式提出"新型农村合作医疗"的概念和目标,标志我国正式建立以大病统筹为主的新型农村合作医疗制度,计划到 2010 年,新型农村合作医疗制度基本覆盖农村居民。

新型农村合作医疗是由政府组织、引导、支持,农民自愿参加,个人、集体和政府多方筹资,以大病统筹为主的农民医疗互助共济制度。该制度一般以县为单位进行统筹,由卫生部门主管,农村居民以家庭为单位自愿参加,实行个人缴费、集体扶持、政府资助相结合的筹资机制。新型农村合作医疗制度以"大病统筹"为主要原则,着力解决农民"因病致贫"、"因病返贫"或"有病不治"等突出问题。

2003 年 1 月 16 日,国务院办公厅转发了卫生部、财政部、农业部联合制定的《关于建立新型农村合作医疗制度的意见》,对新型农村合作医疗建立过程中的方式方法等问题作出了具体规定,不但加强了政府的责任,而且国家补贴与个人缴费相衔接、扩大资金统筹范围等内容也凸显了它的公共服务性质。到 2008 年年底,新型农村合作医疗基本实现了全覆盖。应该说,新型合作医疗源出于合作医疗的实践,其产生的背景、推广普及的路径、政策的保障以及农村居民接受的心理都与合作医疗直接相关,是基于合作医疗经验的制度创新。

1.5　城镇居民基本医疗保险制度(始于 2007 年)

在计划经济条件下,我国所有居民享有不同形式的、水平不一的、资金来源多样的社会医疗保障。随着社会主义市场经济体制的建立和不断完善,1998 年,我国开始建立以城镇职工基本医疗保险为主体、公务员医疗补助、企业补充医疗保险、重大疾病医疗补助等为补充的多层次医疗保障体系;2003 年,新型农村合作医疗被重新建立起来,并在农村地区迅速普及,更多的社会成员得到了医疗方面的社会保障,建立了城乡医疗救助制度。然而,在社会上仍然有部分没有被医疗保障制度覆盖的人群,他们主要是占全部城镇人口绝大部分的非从业居民,包括没有保险的老人、城镇化的失地农民、自由就业者、中小学生等等。

为实现基本建立覆盖城乡全体居民的医疗保障体系的目标,填补医疗保障制度体系内的最后一块"空白",国务院决定从 2007 年起开展城镇居民基本医疗保险试点,并于 2007 年 7 月 10 日下发《关于开展城镇居民基本医疗保险试点的指导意见》(国发〔2007〕20 号文件),在中国开始实施城镇居民基本医疗保险的试点工作。这一政策安排于 2007 年在全国 88 个城市率先试点,2008 年新增试点城市 229 个,试点城市数量达到全部地级城市数量的 50％以上。作为落实科学发展观、构建社会主义和谐社会的一项重要任务,本着高度重视、统筹规划、规范引导、稳步推进的指导方针,该政策试点计划用三年多的时间,到 2010 年要求实现覆盖全体城镇非从业居民。

城镇居民医疗保险是由政府组织实施,以家庭缴费为主,财政给予适当补助,以大病统筹为主的医疗保险制度,覆盖对象包括不属于城镇职工医疗保险制度覆盖范围的中小学阶段的学生、少年儿童和其他非从业城镇居民。以城市居民为主的城镇居民医疗保险制度是医疗保障制度建设和完善社会保障体系的重要组成部分。开展城镇居民医疗保险有助于解决城镇居民的医疗费用问题,减轻老百姓的生活负担,弥补我国城镇医疗保险体系的空白,真正实现人人享有基本医疗保障的目标,维护社会公平、促进社会和谐。

城镇居民基本医疗保险是国家给予补助的筹资方式,住院和门诊规定病种统筹,缴费以个人为主导的医疗保险制度。其基本原则有以下几点:

第一,以低缴费水平为准,根据不同的家庭及地区的水平及能力,确定合适的筹资和保障标准,让城镇居民能够治疗大病,达到预想的医疗保障水平。

第二,医疗保险的参与保持自愿原则,以个人为基准自愿参加医疗保险。

第三,以个人为主要的缴费模式,国家给予一定补偿。确定适当的缴费比例是国家的任务与职责。

第四,保证人员利益不受损。制定此医疗保险的目的就是保障人们的就医,政府应该协调好政府运行机制和人民受益的关系。

第五,正确衔接制度。政府应当确定正确有效的运行标准,这样管理和运行模式才能顺利正常地进行。

1.6　城镇职工医保、城镇居民医保、新农合三项制度"三险合一"的改革

　　从各国医疗保险模式看,经过100多年的发展,现已基本形成了国家医疗保险模式、社会医疗保险模式、健保双全模式、商业医疗保险等四种医疗保险模式。从这四种模式的情况看,对非从业人员的医疗需求主要有以下两种处理方式:一是与从业人员一样享受同样的医疗保险,如英国、加拿大等国家的全民保险模式,所有国内居民的医疗保险标准一致;二是国家对失去工作的贫困人口给予无偿的医疗救助,不需要贫困人口自己出资。从我国的情况看,我国目前采取的是第三种方式,即对城镇职工建立城镇职工基本医疗保险,在农村建立新型农村合作医疗,对城镇非从业人员建立城镇居民医疗保险,以政府财政补助为辅、个人出资为主,采取社会保险的形式解决城镇非从业人员基本的看病就医问题。

　　目前,我国的社会医疗保障制度体系已经初步形成了城镇职工基本医疗保险制度、城镇居民基本医疗保险制度和新型农村合作医疗制度三个基本医疗保险制度。如表1-1所示。

表1-1　我国现行主要的医疗保险制度

医疗保险制度	开始时间	保障对象
城镇职工医疗保险	1998年	城镇职工
新型农村合作医疗保险	2002年	农村居民
城镇居民医疗保险	2007年	学生、少年儿童及非从业城镇居民

　　人人享有医疗保健、人人享有医疗保险是我国宪法所规定的居民应该享受的基本权利之一,也是构建和谐社会的需要。我们的目标是让所有居民享有同样的医疗服务、享受同样筹资水平和

保障待遇的医疗保险,因此"三险合一"的需求和呼声越来越高。

"三险合一"是指要建立起面向城镇各类人员,包括新型农村合作医疗、城镇居民基本医疗保险、城镇职工基本医疗保险三个主层次呈梯次形的医疗保障城乡一体化的政策体系。其改革目标是实现城乡医疗保障一体化,建立"三险"统一的发展平台,资源共享、整体推进,做到"三险"制度全面覆盖、无缝对接、城乡打通,实现"三险"管理一体经办,合署办公、便民利民。

"三险合一"政策需要整合城镇职工基本医保、城镇居民医保、新型农村合作医疗等不同模块,逐步实现城乡居民医疗保险计算机网络的统一平台和统一数据库,建立完善高效的信息化管理系统。"三险"政策衔接的总体要求是三项制度的有机衔接,建立起面向城乡各类人员的广覆盖、多层次、多产品,更为配套、完善的医疗保障综合政策体系,满足群众差异化的医疗保障需求。因此要重点研究参保人员在不同险种之间、不同层次之间如何实现自由转接;如何逐步取消现行城乡居民医保和新农合的参保限制;如何通过先行试点、分步实施、逐步推广的方式,开展门诊统筹;如何在缴费年限、基金管理等环节设立三项医疗保障制度的通道,打通居民、农合基金、职工医保的统筹使用,增强抗风险能力;如何建立激励约束机制,规范单位和城乡居民参保行为,对参保覆盖率实行城乡统筹考核;如何实现城乡居民医疗保险计算机网络的统一平台、统一数据库,搭建更加快速高效便民的网络服务平台。

随着城镇职工医保、城镇居民医保、新农合三险合一的全面推进,统筹城乡医疗保险对信息化的要求会越来越高。如何整合城乡、地区各自设立的封闭的信息系统,如何在管理系统上协助推进制度和管理的城乡一体化,是目前医保信息系统所面临的重要问题。我们需要信息化建设与体制机制建设相结合,信息系统的纵向整合和横向整合相结合,信息系统的技术管理和经办部门的服务管理相结合。因此,如何进一步建立健全医疗保险信息系统、实现信息系统的更高层次的统筹就显得更加紧迫。

第 2 章　我国医疗保险信息系统

医疗保险信息系统是医疗保险管理中不可缺少的支持系统，是一个以人为主导，运用计算机硬件、软件、网络通信等信息技术以及其他办公设备，依托公用信息平台进行信息的收集、传输、加工、储存、更新和维护，建立的统一的医疗保险业务管理及服务体系。医疗保险信息系统包括医疗保险基金缴纳、记录、核算、支付及查询服务等业务功能，保障着基本医疗保险改革政策的顺利实施，支持高层决策、中层控制和基层运作，能够不断提高医疗保险管理效率及决策的科学性。除此以外，医保信息系统还可以利用过去及现在的数据预测未来，实测医疗保险运行过程中的各种功能情况，利用信息控制医疗保险的运行，帮助医疗保险机构实现其规划的目标。

本章主要对国内外医疗保险信息系统的发展现状进行比较，并对我国医疗保险信息系统的建立背景、建设原则、功能与特性以及目前医保信息系统存在的问题进行相关的分析。

2.1　国外医疗保险信息系统的建设经验

国外很多国家在建设医疗保险信息系统的长期实践中，积累了丰富的实践经验和理论成就，其开发应用呈现出信息化、跨地市、数据资源共享、业务应用综合的发展趋势。这些对完善和提高我国的医疗保险信息系统管理，具有很好的借鉴意义。

一、美国

美国是最早颁布实施关于医疗卫生信息化的相关法律、法规和标准的国家。1987 年美国组织研发了《卫生信息传输标准》(Health Level Seven,简称 HL7),这一战略技术率先研究开发临床及检验、仪器与设备、医院管理,甚至保险、银行等与医疗相关各类信息系统的标准。HL7 作为美国 ANSI(American National Standards Institute,简称 ANSI)国家标准,到 2001 年,全美已经有 80%的医疗机构和 90%的医用仪器、设备制造商采用此标准。随着经济全球化和计算机网络技术的应用和发展,HL7 的影响力已经波及全球,我国也于 2000 年年初建立了 HL7 协作中心。

《健康保险改革:安全标准最终规则》法案是卫生计划、卫生信息交换中心以及卫生保健提供者等医疗保险或医疗服务相关机构,在利用电子方式传输或保存健康信息时,对于个人健康信息提供安全保护的标准。《健康保险改革:安全标准最终规则》法案中既对数字化健康信息的安全保护程序作出了具体规定,使得各机构间信息安全防护程度能趋于一致;又考虑到各机构间的差异而提供了一定的弹性,使得多数机构不至于感到难以操作。

《健康保险改革:电子交流标准》法案则规定了可以用广域网来处理资料,医院、医生和病人都可以在网上传输医学资料,而且为了方便医生远程会诊,除了文字资料以外还有大量的影像资料,真正把纸张操作变为电子化操作。该标准也规范了医疗和电子商务标准条例,统一了编码等等。这个标准化仅准备工作就做了六年。而我国目前在这方面还是空白。

二、英国与欧盟

英国是世界上最早实施初级卫生保健服务电子化的国家。20世纪 80 年代初,英国就开发出了关于全科医生和初级卫生保健的软件,比如全科医生数据系统(the General Practice Research Database,简称 GPRD)、医生网络软件(Doctors Independent Network Database,简称 DIN)。2005 年春,英国卫生部签署了一份为期 10 年、价值 55 亿英镑的合同,支持发展电子病历、网上预约、网上处方,以及用数字图像取代 X 光片,使远程病情咨询成为可能。欧洲委员会第五个框架计划实施的重点,则是放在支持信息化远程医疗保健应用与服务技术的进一步发展与研究上。

三、加拿大

加拿大于 2000 年 9 月成立了加拿大卫生信息通道,即加拿大的卫生信息网络系统。联邦政府机构和各省及自治地区卫生行政长官是该系统的成员,其任务是为了加强和促进该国电子卫生信息系统的发展和实施。加拿大也努力推行电子健康档案,它是一个记载每一个加拿大公民医疗卫生档案的信息数据库。每一个获得授权的医务工作者和个人都可以通过这一档案库查找相关内容。

四、澳大利亚

近年来,在澳大利亚政府和澳大利亚健康保险委员会(Health Insurance Commission,简称 HIC)的推动下,澳大利亚医疗机构建设了包括卫生信息网络架构、电子健康档案等多种医疗信息的应用系统。在医疗卫生领域,澳大利亚政府通过全民国民保健计划为全民实施免费医疗,并建设与之配套的公民健康信息系统,所有澳大利亚合法公民均可在健康保险委员会下设机构登记个人信息,并能获得各项医疗诊治的服务与安排。同时健康保险委员会也是澳大利亚国内医疗信息系统管理机构,负责制定卫生信息化领域的规划、政策法规和标准等工作。

五、韩国

韩国已经完成了第一个卫生信息系统 10 年计划(1991~2000年),第二阶段计划(2001~2010 年)也已基本完成。目前工作重点则放在标准化和司法问题(如隐私、远程医疗等方面的立法)等信息化基础工作,以及公立医院与私立医院系统的整合。在政府的强力推动下,该国 95% 的医院和诊所通过网络链接了国家医疗保险部门进行结算,而且大多数三级医院已经安装了医嘱录入系统,其中三分之一的医院安装了图片文件交流系统。

由此可见,国外的医疗保险信息化程度越来越高,并不断向标准化、共享化、规范化推进。这些都是值得我国学习和借鉴的经验。

2.2 我国医疗保险信息系统的建立背景

城镇职工基本医疗保险制度的实施是一项庞大的系统工程,不仅涉及我国众多城镇职工的切身利益,而且还涉及劳动保障行政管理部门和医疗保险经办机构,也与成千上万的定点医院和药店密切相关。数以千万计的个人基本资料,大量与政策、基金相关的数据信息等业务的处理,依靠手工处理是无法解决的。只有建立以医疗保险经办机构为核心,覆盖参保单位及其职工和定点医疗机构的网络系统,实现先进的计算机技术集中式管理,才能保证城镇职工基本医疗保险制度的顺利实施。

城镇职工基本医疗保险信息系统(以下简称医保信息系统)正是为实现这一目标而采取的信息化处理手段。2000 年 3 月,劳动和社会保障部颁布了《关于印发城镇职工基本医疗保险管理信息系统建设指导意见的通知》(劳社厅函〔2000〕30 号),意见中要求各地医疗保险管理信息系统的建设要从本地区实际出发,按照社会保险一体化管理的要求,从系统建设规划、网络结构、业务流程、应用软件、数据库标准等各个方面建立一体化的社会保险管理信息系统。按照这个指导意见中的要求,各地医疗保险管理基层部门纷纷结合各地医疗保险政策要求和经济发展水平、财政能力和技术能力现状,分别以委托开发商开发、与开发商合作、与大中院校科研机构合作、独立开发等各种形式进行医疗保险管理信息系统的开发研制工作,各地的医保信息系统建设陆续展开。

医疗保险管理信息系统是基于具体的医疗保险管理政策而建

设,并为医疗保险管理工作服务的。到目前为止,我国的社会医疗保障制度总的特点是多种改革模式并存,政府、企业、职工、医院四方正在实践中深入地探索改革的途径。目前各地区的改革试验至少有如下五种模式:

一、多种形式的"统账结合"

第一类方案是以江西省九江市和江苏省镇江市为代表的"三段通道式",即一般按不超过工资总额的 10% 筹集医疗保险基金,其中一半左右为职工建立医疗保险个人账户,其余部分形成医疗保险统筹基金;职工就医时先由个人账户支付,支付完后进入一个相当于本人工资 5% 的医疗费用支付阶段,再多支付的医疗费则由统筹基金报销大部分。第二类方案是以海南省为代表的"双转并行式",即医疗保险基金只负担规定的大病病种的医疗费用的大部分,其余部分及其他疾病(一般为门诊疾病)的医疗费用则由个人账户支付。第三类方案是以山东省青岛市、烟台市等城市为代表的"三块式",即同时建立个人账户、企业调剂金和统筹基金。截至 1997 年 9 月底,各种"统账结合"的医疗保险改革方案实际覆盖了 276.5 万人。

二、大病(住院、大额医疗)费用社会统筹

自 20 世纪 80 年代末期开始,我国一些地区为了分散企业特别是中小企业遇到的大病高额医疗费用的风险,开始进行大病医疗费用社会统筹试点,到 1997 年 9 月底,这一试点已扩展到 1253 万企业职工及离退休人员,到 1997 年底,覆盖 1300 万人。

三、以深圳市为代表的混合型改革方案

这种方案对不同类型的人群分别实行不同的改革办法,对职工实行"统账结合"的方案,对外地劳务人员实施住院医疗保险,对离退休人员、残疾军人则实行全面的医疗保障。

四、离退休人员医疗费用社会统筹

一部分地区根据企业离退休人员更需要首先得到医疗保障的实际情况,对离退休人员实行了医疗费用社会统筹的制度。到

1997 年 9 月底,有 110 万企业离退休人员被覆盖进来。

五、一些初步改革的试验

多数没有实行社会化的医疗保险制度的企业,仍按原有规定实行劳保医疗制度。但不少企业开始进行内部的轻度改革的试验,其主要形式有:个人负担一定比例的医疗费用,或者实行医疗费用定额包干,节余归己,超过部分由企业补助一部分。另外,一部分外商投资企业、私营企业为员工投保了商业健康保险。

上述不同的医疗保险管理模式是由于我们国家各地区经济发展不平衡造成的,因此也直接影响到了计算机管理信息系统的开发,导致了长期以来很难有一个医疗保险管理信息系统平台能够一统天下,满足各地医疗保险工作的管理要求。

2.3 我国医疗保险信息系统的发展历程

医疗保险管理信息系统的需求推动主要来自医疗保险管理部门,因此,各地区各部门在医疗保险管理信息系统建设的初期阶段,基本上都采用了各自为政的策略,独立进行信息系统建设以满足工作之需。因此在不同的历史阶段,不同的开发人员根据当时的计算机和网络通信技术、数据库技术、信息存储技术,研发出了适合不同政策、不同技术水平的医疗保险管理信息系统。概括来讲,医疗保险管理信息系统的发展大体经历了以下四个阶段:

2.3.1 单机独立运行阶段(1994 年至 1996 年)

在这一阶段,由于受到当时计算机信息处理技术、网络技术、计算机和网络设备价格等因素的制约,大多数的医疗保险管理信息系统都采用单机独立运行技术方案,硬件平台是 286 或者 386 计算机,系统软件平台一般采用 FOXBASE 或者 FOXPRO 单机版数据库,系统规模小,功能简单,只能完成一般的账户数据管理和医疗费用报销和统计功能。

2.3.2　主机终端模式阶段(1996 年至 2000 年)

1996 年之后,主机终端式第一代网络计算机信息处理和通讯体系技术在我国迅速普及,大多数的医疗保险管理信息系统都开始采用主机终端式技术方案,硬件平台是 386 或者 486 计算机,大型的管理信息系统还采用小型计算机作为后台数据库支撑平台,前端业务处理使用终端,系统软件平台一般采用 UNIX 或者 Xenix 系统,广泛采用 Informix 数据库和 4GL 语言作为系统开发平台,采用电话网络和串行通信方式作为数据信息传输模式,采用磁卡存储个人账户医保账号信息。系统规模较大,功能较完备,除完成账户数据管理和医疗费用报销、统计等基本功能外,还加强了数据安全机制、增加了定点药店和医院的医疗保险诊疗业务管理,实现了实时的参保人员诊疗业务个人账户门诊费用结算功能。

2.3.3　客户机/服务器(C/S 和 B/S)模式阶段
　　　(2000 年至 2006 年)

随着计算机信息处理技术、网络技术的发展,在这一阶段,计算机和网络设备价格进一步降低,网络技术迅速在中国普及,大多数的医疗保险管理信息系统开始采用客户机/服务器(C/S,B/S)技术方案,硬件平台是客户机采用奔腾及以上层次计算机而后台采用服务器,信息传输采用局域网络,后台服务器安装 UNIX 或者 Windows 2000 操作系统作为数据库支撑平台,数据库采用 DB2、ORACLE、SQL-SERVER、INFORMIX 等大型数据库。

前端业务处理通过在客户机上安装客户端软件来完成,采用网络通信方式作为后台服务器和前端客户机数据信息传输模式,采用 IC 卡或者 CPU 卡存储个人账户的所有信息。系统规模大、功能完备,具有账户数据管理和医疗费用报销、统计、数据安全、定点药店和医院的医疗保险诊疗业务管理,参保人员住院费用网上实时结算等功能。与医院管理信息系统建立了实时数据交换接口,在一定程度上达到了"统一规划、统一标准、城市建网、网络互联"的标准,具有 C/S 或者 B/S 体系结构信息系统的所有优缺点。

2.3.4 社会保障"核心平台"建设阶段(2006 年至今)

从 2006 年开始进入医疗保险管理信息系统发展的第四个阶段,即社会保障核心平台建设阶段,建设全国统一的"社会保险管理信息系统核心平台"是劳动和社会保障部门信息系统建设的目标,为此劳动和社会保障部有关部门结合目前计算机和网络通信技术的发展现状,制定了详细的系统建设目标计划和指导方针,颁布了《核心业务平台及相关的系统建设规范》,并从我国从事社会保障信息系统建设的骨干研发单位中挑选一些信誉好、技术力量强的单位从事核心平台的开发建设工作。

最新的医疗保险管理信息平台要求兼顾社保业务开展现状和发展趋势,具有通用性强、组件化、多平台、"五保合一"、可拆可合等特性,使全面解决方案跨越了时间和空间的限制,能够对政策调整及不同地方、不同层次的业务需求作出快速反应,从而能够方便快捷地搭建各地的社保信息系统,使系统具有建设周期短、建设资金集约化的特点,能够基本实现当年朱镕基总理提出的"运用电子技术手段,建立统一的、覆盖全国的社会保障技术支持系统,实现现代化管理"的目标。新的系统平台在硬件上采用双机服务器热备、磁盘阵列数据安全备份和恢复等技术,支持 DDN、PSTN、X.25 等多种有线、无线局域和广域网络通信方式;软件上后台采用 UNIX 系列操作系统和 ORACLE 大型数据库平台,前台采用界面友好的 Windows 系列操作系统;应用软件采用国际流行的三层甚至四层应用架构,采用组件化设计,提供开放的数据接口,涵盖所有的社会保障业务,实现全国社会保障机构的互通互连,满足各级社会保障机构业务处理需求。

2.4 影响我国医保信息系统建设的主要因素

随着医保信息系统建设的不断推进,其发展也受到了各种因素的制约。在不断完善医保信息系统的同时,也要考虑影响医保信息系统建设的各个方面,使该信息系统能够提前应对可能发生的各项变化,在保证其低成本和高效率的同时,满足医保制度的各项需求。

一、医疗统筹层次不断提高的因素

医疗保险统筹水平逐步提高对信息化建设提出了更高的要求。对于我国医疗保险的信息化建设而言,更高的基金统筹层次意味着更加明确的建设目标和更加稳定的系统运行。我国目前多数地方实行的还是县级统筹,信息系统也只是停留在县级统筹层次。想要提高统筹层次,就要对信息系统的整体框架进行重新构建,这是目前应该关注的一个重要问题。

与此同时,人员的流动性随着社会生产力的提高在不断地增加,社会的人员流动不仅仅是指农民工在全国范围内的流动,也包括机关事业单位的在职人员流动到企业、城镇劳动力流动到农村、农村劳动力转移到城市等多种流动形式。庞大的流动人口群体对医疗保险的异地可接续性提出了相当高的考验。目前跨省市的医保"漫游"多以"城市间协议"的方式批量处理。省级统筹的最大阻力来自于地方利益的平衡,涉及上下级政府财政"受益受损"的利益博弈。因此,跨省市、跨地区的医保"漫游"不是一个技术问题而是一个制度问题、利益问题。但是,随着"十二五"期间人才流动的进一步活跃,更多独生子女异地就业后父母异地养老看病的情况也将增加,医保不能异地漫游所带来的现实问题已经越来越突出地摆在各级决策者面前。

提高医疗保险统筹层次,是医保制度发展的本质要求,也是提高医保管理效能的客观需要。我国医疗保险较低的统筹层次已经成为制约医保制度健康发展的重要因素,国家已经提出要逐步提高医疗保险统筹层次,推进医疗保险市级统筹。但由于种种客观原因,推进市级统筹并不是一蹴而就的。

二、医保机构设置的因素

信息工程技术的引入,为医疗保障事业带来了新的发展机遇与挑战。在制度安排和服务模式方面,互联网的低成本和高效率成为传统医保机构的条块分割、等级分明等顽疾的最大挑战,互联网所具备的迅速获取信息与传播信息的优势为医疗保险向更高统筹层次的过渡提供了更宽广的空间。相反,若受制于这种条块分割与等级分明的官僚政府体制,大量的医疗保险数据信息则会变成垃圾数据,政府为信息化工程所付出的投资则变为高额成本,信息化建设就会流于形式,成为政绩工程,而非利民工程。

因此,面对不断增加的制度创新与服务改革需求,应当构建公共服务型政府,也就是网络型政府,使相应的社会保险机构组织体系扁平化,通过社会保险信息管理与服务平台,直接面对各个企业与居民,构建一个具有窗口服务功能、数据管理功能、财务稽核功能、人机结合的服务系统。

三、医保机构职能的因素

医疗保障管理事业的信息化进程在21世纪首个十年中,对经济发展起到了有效的影响,我国在《2006—2020年国家信息化发展战略》中明确提出了国家的信息化战略目标,即增强政府公共服务能力。通过信息化建设将电子政务与公共服务密切结合,以期网络化公共服务能力显著增强。"木桶理论"告诉我们,一个木桶能盛多少水,并不取决于最长的那块木板,而是取决于最短的那块木板,因此,医疗保险信息化建设要想获得全面成功,不完全取决于富省强市的信息化技术多么先进,而是取决于落后贫穷地区的医疗保险机构信息化建设情况。

医疗保险信息化建设除了要对重点地区进行重点建设、对重点项目进行重点支持之外,也要不断加大对落后地区社会保险信息化建设的政策扶持和资金支持,这也是加快医疗保险事业整体发展进程、防止保障水平两极分化、缓解社会矛盾、实现社会保险信息化管理可持续发展的关键之举。对于老少边穷、社会保障水平较低的地区,中央政府有责任以减免税费、补贴拨款,甚至采用招商引资等灵活方式为地方政府分担部分经费压力。各级医疗保障部门应当明确各自职能、端正工作态度,通过政务公开等方式主动维护公民知情权与参政议政的权力,利用好社会保险网络信息平台,通过自我监督与舆论监督,向参保人交出一份满意答卷。

四、医保机构业务流程的因素

医疗保险信息管理的工作模式,经历了手工整理、初始计算机录入与存储、同一单位通过局域网建立数据库实现数据共享、异地单位通过互联网实现政策信息的上传下达等阶段,发展到当前的医疗保险经办机构通过互联网受理公民部分申请的模式。随着信息技术在医疗保障管理领域的引入,医疗保险工作效率得以大幅提升,这对于提高医疗保险数据信息的完整度和精准度、扩大社会保险经办机构的业务范围、减少社会保险经办机构与客户产生摩擦与纠纷的机会等具有重要影响。

五、人才与公民素质的因素

人才是第一资源。要提高医疗保障部门的管理水平与医疗保险经办机构的服务水平,归根结底是要提高人才的综合素质。人才综合素质的培养,尤以专业水平和创新能力为首要任务。随着社会的发展和人们生活水平的不断提高,公民素质也有较大提升,人们对生活品质与服务质量的要求水涨船高,更多公民开始关注自身未来的医疗问题,这也在无形之中对医疗保险信息化建设构成了不小的压力。

医疗保险事业是对公民记录一生、管理一生、服务一生和享受一生的全过程管理与服务工作,因此,仅从公民需求的角度,医保事业就需要一个庞大的信息平台对医疗保险管理与服务工作进行支持。同时,拥有一个功能强大、存取灵活、安全性高的医疗保险信息数据库也为公民一生参保信息的完整性提供了有力保障。此外,参保者个人的综合素质也对其对医疗保险信息化管理的接受认可程度具有一定影响。提高公民对医疗保险信息化管理的认可程度,最直接的办法是以公民易于接受的方式进行灵活多样的宣传教育。

六、信息资源共建共享的因素

在技术方面,医疗保险信息数据的安全与否,参保人个人信息隐私权是否得到高度保护,是影响医疗保险信息化之路能否长期畅行的重要因素。作为拥有海量关乎公民个人隐私信息的数据库,其数据信息的安全问题成为网络运行与维护技术方面时刻不能忽视的关键问题。

2.5 我国医疗保险信息系统的建立

2.5.1 医保信息系统的建立原则

我国医保信息系统的建立根据"统一规划、统一标准、城市建网、网络互联、分级使用、分步实施"的指导方针,以医疗保险业务为基础,按照社会保险一体化管理的要求和系统工程的理论、方法进行系统建设。建立的主要原则包括以下几点:

一、一体性和前瞻性

医疗保险信息系统的建设要从社会保险管理系统的总体目标出发,把医疗保险管理信息系统作为社会保险信息系统的一部分来考虑。这要求医疗保险的信息化建设做到统一规划、统一设计,以保持规划设计的一体性和前瞻性,避免重复投资和浪费,适应今后统一的社会保险经办机构的管理要求。

在规划医疗保险信息系统的建设时,应该按照未来社会保障信息系统一体化的原则,保证参保人员和参保单位的基本信息的一致性,采用相同的信息标准。在建设医疗保险信息系统时,要最大限度地利用现有人员、数据、设备资源,以避免系统重复建设带来的浪费;要充分考虑到社会保险业务发展的方向,为扩展其他险种留有余地,以免除各险种单独建系统所增加的成本;要注意做好医疗保险管理信息系统同银行管理信息系统、医院管理信息系统等系统的接口处理,并保持自身的独立性。

二、系统的可扩展性

随着医改工作的深入,医疗保险处在不断的发展之中,这要求应用系统必须留有一定的发展扩充空间,以适应系统的扩充和升级。应用软件系统在设计阶段要充分考虑今后的发展,避免对软件进行经常的结构性变动。在系统的网络规划和硬件选型时应提供适应今后发展的较为经济的升级扩充方案。

三、信息标准设定的高起点性

医保信息系统建设的推进工作必须符合国家及劳动和社会保障部的整体部署,但在实施过程中更要立足于长远发展,所使用的各种信息标准要尽量向国际标准、国家标准和部颁标准靠拢,高标准、高起点,以适应今后发展的需要。系统在技术上也必须高起点,信息技术的发展日新月异,其功能性指标也越来越高,系统保持一定的先进性,才能经受得起时间的考验,保证所采用的技术不会在短期内被淘汰。

四、统筹规划、分步实施

许多地区的医疗保险工作起步相对较晚,业务管理尚不规范,政策、组织机构、业务流程的调整不可避免,计算机技术也在不断发展,因此要求信息系统一步到位是不现实的。应根据区县级的具体情况,确定合理的技术方案、投资规模和阶段性目标,并充分考虑未来业务发展对信息系统的影响,避免追求"高大全"。

五、应用的实用性

系统建设要以满足医疗保险工作的业务需求为主要目标,采用稳定可靠的成熟技术,保证系统长期安全运行。系统中的软硬件及信息资源要满足可靠性设计要求,建设方案以实际可接受能力为尺度,避免盲目追求新技术。

六、高稳定性与高安全保密性

医疗保险工作涉及参保职工、参保单位和定点机构等诸方面的利益,直接关系到社会稳定和经济发展,系统必须具备高稳定性和高安全保密性。因此系统必须遵循有关信息安全标准,具有切实可行的安全保护和保密措施以及对计算机犯罪和病毒的防范能力,确保数据永久安全。

2.5.2 医保信息系统的功能

医保信息系统建设的目标是通过建立计算机管理信息系统,实现业务处理计算机化。通过与定点医疗机构、定点零售药店以及银行、税务等相关部门建立网络连接,改善医疗保险费用支出的监控手段,为合理控制基本医疗费用增长,减少医疗资源浪费提供支持。在县级、地级等城市建立资源数据库,通过资源数据库对基本医疗保险基金的收入和支出进行动态监控和分析预测,对政策执行情况进行评估,加快决策科学化进程,支持医疗保险基金长期安全运行。

为了保证以上目标的实现,要求信息系统必须要满足医疗保险制度的日常工作,能够对各级数据进行准确及时的处理。

一、医保信息系统的主要业务功能

1. 挂号、门诊收费:验证医保病人身份的有效性,上传挂号或门诊诊疗项目,结算成功后打印收费收据和结算支付清单。

2. 住院登记:住院病人完成医院信息系统端的住院登记后,同时将相关住院登记信息上传医保中心确认。

3. 费用上传:住院医保病人的费用明细应及时上传医保中心,每日定时在业务空闲时段(如午夜等时间段)自动批量上传,未能上传的明细记入日志文件,以便及时分析上传失败的原因;出院结账前手工上传当日发生的未上传费用明细。

4. 出院结账：出院结账前，补充上传病人的出院日期、出院诊断等有关信息，结算完成后，在医院信息系统端和医疗保险机构端作相应的出院处理，打印收费收据和结算支付清单。

5. 结账汇总：收费人员下班前，与医保中心进行日结对账，对账平衡后，汇总当日结算单，上交现金，完成财务上的"日结日清"。

6. 审批业务：审批包括特殊业务和转诊转院审批。特殊业务是指需经医保中心审批同意后其费用才能列入基本医疗保险支付范围的业务项目，包括特殊检查、特殊治疗和特殊用药。转诊则指转往外地就医，会涉及外地医疗费用报销。

7. 字典维护：根据各医院之间情况，将医院信息系统使用的疾病编码、收据项目类别、药品和诊疗项目目录的标准与医保中心目录匹配，建立对应关系字典，日常进行必要的增加、删除和修改。由于涉及医院和医保中心的结算，也关系到病人的切身利益，因此必须做到准确无误。

8. 统计上报：每月统计各类医保病人结算单据，形成统计报表，上报各级医保管理机构，以便医保费用的拨付，双方报表必须核对无误。

9. 医保拨付费用和拒付费用管理：将医院统计上报的申请拨付费用与医保实际拨付费用、缓拨费用、拒付费用登记汇总，加强对拒付费用的管理。

二、医保信息系统的主要业务管理

医保信息系统的主要业务管理包括医保业务管理、就诊结算管理、医保财务管理、医管监督管理、数据通信与交换管理、IC卡管理、综合查询、定点药店管理和系统维护等内容。

医保业务管理包括单位个人档案管理、单位个人缴费审核、个人账户管理等。就诊结算管理包括门诊结算、住院结算、特种结算、大病统筹结算等。医保财务管理包括账务处理、基金分析及预测、报表等。医管监督管理包括远程实时监控、医疗费用审核和费用统计分析等。数据通信与交换管理包括实时数据更新、远程账户下载、结算数据上传等。IC 卡管理包括 IC 卡开户、挂失、销户、冻结、年检及安全保密等。综合查询包括领导查询、用户查询、政策咨询和网上信息发布。定点药店管理包括药品管理、结算管理和统计等。系统维护包括系统参数设置、政策参数调整、权限管理及系统后备恢复。

2.5.3　目前医保信息系统存在的弊端

一些地区的实践效果表明,医保信息系统的建设和实施有利于医疗保险行政管理部门和经办机构对基本医疗保险基金的监管,保证了基本医疗保险制度的顺利实施以及基金的安全;有利于定点医疗机构改进管理,提高工作效率和医疗服务质量;有利于合理利用医疗卫生资源,保障广大参保职工的基本医疗需求。

但是,我国的医疗保险制度在总体上还处于起步阶段,各地在政策上存在差异,实施环境也不一样,所以各地在医保信息系统建设的技术上、管理方式上没有统一的模式可循,正处在不断探索和完善的阶段。此外,由于初期在信息系统建设上各地各自为政,导致统筹层次过低,各地信息系统成为一个个"孤岛",各异构厂商系统之间不能互联互通,各地市之间乃至同一地市内各县区之间系统建设发展不平衡,难以进行有效的互通和共享。这些问题的存在严重影响了信息系统的综合使用效率,制约着各地医保统筹层次的提高,也阻碍了相关人员信息的转入转出等。

2.5.4　优化我国医保信息管理系统的措施

一、信息对接制度保障

通过制定必要的规章制度来确保联网信息平台软件的顺利应用,同时扩展金保工程业务专网的延伸联通单位范围,即多渠道扩展并深入挖掘医疗保险信息数据网的联通范围,通过规章制度来规范统一医疗保障部门与其他部门进行数据交换的途径与上报方式。延伸单位分为纵向相关机构和横向相关部门两种,纵向相关机构主要有辖区内各级医疗保险经办机构,横向相关部门有计划财务部门、业务管理部门、信息管理部门等。这些延伸单位需要在医疗保险信息管理体系建设中分工明确,紧密协作,不断升级统一的医疗保险信息平台,实现医疗保障各项业务的跨区办理和协同办理,从而使整个信息管理体系良性互动。

二、资金投入保障

医疗保障体系建设属于以政府为主导的公共服务体系范畴,因此,需要各级政府部门在财政预算中合理安排医疗保障的投入资金,对医疗保障重点项目进行重点支持。各省级医疗保障部门对于财政拨款,应当在省级财政预算中进行合理规划,科学使用。

医疗保障信息化工程的资金用途可以分为对信息系统的投入和对组织人员的投入。对医疗保险信息管理系统投入的资金,可用于现有信息平台的维护与完善。近年来,随着居民生活水平的提高和医疗保障需求的增加,我国医疗保障相关政策不断出台,医疗保障体系不断经历改革与完善的过程,大量的医疗保险信息需要精确录入、频繁交换和长期保存,各级医疗保障信息管理部门可根据资金实力和实际需要研究并提出系统改进方案,在医疗保险信息管理系统的适应性与稳定性之间找到平衡点,保持系统的可持续性发展。

三、人才队伍保障

对于医疗保障机构组织和人才工作,应当以优化组织中人员专业结构和进行人员培训为主。在较低层级的医疗保障部门,例如窗口机构,应当以精通医疗保险实务和熟悉网络维护技术的人员为主,人员培训主要侧重医保业务和系统使用方面。在中高层级的医疗保障部门,工作人员则不应仅限于医疗保障专业和计算机网络专业两类。

在工作人员选择方面,应以先期投入为主,除以上两个专业之外,可广泛吸引诸如企业管理、人力资源、保险精算、信息管理等专

业的学习能力较强的优秀人才,辅以综合管理、社会保障和系统应
用相关的职业培训,拓宽社会保障信息化战略的规划与执行思路。
对于现有人员,则进行信息技术基础知识普及工作;对所有人员建
立信息系统应用能力考核上岗制度,建设一支符合医疗保障信息
化需求的高素质队伍,在统一目标的指导下,科学高效利用财政拨
款,同时积极开发多种社会资金筹集渠道,发展并完善医疗保险信
息化管理系统。

第3章 医院信息系统

医院信息系统(Hospital Information System,简称 HIS)是利用计算机及网络通信设备和技术,对医院内外的相关信息进行自动收集、处理、存储、传输和利用,为临床、教学、科研和管理服务的应用信息系统,主要由以病人为中心的临床信息系统、以医院为中心的管理信息系统和以知识为中心的医学文献服务信息系统组成。目前我国已经有相当数量的医院建立了自己的医院管理系统,不少医院正在或即将建立自己的医院管理系统。医院信息系统包括门诊管理、住院病房管理、检验管理、药品管理、医疗物资管理、病案管理、手术管理等功能模块。病人的费用和医疗两条信息充分贯彻其中,系统应符合国家卫生部制定的《医院信息系统 HIS 基本功能规范》规定的基本内容及其有关的标准和规范。

在医疗保险信息系统的发展完善过程中,医院信息系统起着非常重要的作用,如何更有效地方便医院管理、如何与医院信息系统实现对接,是医保信息系统研究的重要问题。本章对我国的医院信息系统进行简单的介绍,以期对医保信息系统的建立与统筹层次的提高提供指导。

3.1 医院信息系统建设的必要性

社会医疗保险制度所采用的结算模式要求必须使用计算机信息系统。现行的医保支付计算方法比较复杂,手工模式很难实现,需要借助于计算机自动计算。没有信息系统,就无法与医保接轨,这从客观上推动了医院信息化的建设。医疗保障制度改革对医院的内部管理带来较大影响。现行的医疗保险制度对医院的医疗行为从经济上施加了诸多限制,如用药范围等等,这些限制在医院的落实需要从医生做起。因此,医院纷纷采用计算机管理信息系统,依据医保政策对医生的医疗行为进行约束,并提供网络化的监督。

随着医保制度的深化,医疗费用的支付开始出现按病种付费、按保障人数付费等新的付费模式。这对医院的管理目标带来深刻影响,使其从传统的以增加医疗收入为目标转向以降低医疗成本、降低医疗收费为目标。这一目标的达到同样需要依靠信息系统。

现行的医院信息系统的功能也将随着管理目标和手段的变化发生重大改变。建设医院与医保中心实时联网的收费系统,可以起到实时反馈参保患者费用的作用,全面推广住院费用计算机查询,尊重患者对检查、治疗、用药和价格的知情权。医院需建设一个比较完整的住院病人医嘱处理系统,着力制定数据交换标准,规范上报表格的内容和格式,由医院或系统集成公司完成 HIS 向医保系统的数据转换功能。

理想情况是,医院能够上报病人的电子病历,通过了解病人的真实病情判断医疗费用发生的合理性。医保 IC 卡的网络应该能够覆盖定点医院门诊病人,医院的挂号、门诊电子病历、电子处方、就诊、收费、取药等各个领域,这将极大地方便患者就诊。医疗保险经办机构与定点医疗机构均实现医保 IC 卡网络化管理,可以及时了解定点医疗机构提供医疗服务门诊情况和参保人员住院情况。将信息管理用于对定点医疗机构事前、事中、事后管理的全过程,能够提高医疗保险管理的效率,确保医疗保险基金的安全运行,进一步发挥信息技术优势。

3.2 国内外医院信息系统现状

医院信息系统是集医院管理、信息技术和计算机网络于一体的综合性信息系统。医院管理系统的设计是在启用新技术的同时，利用新技术的优势，结合先进的医院管理思想，对被管理的业务作出全面的综合分析，给出更为合理的工作流程，满足医院整体管理的各项要求。因此，医院管理系统的设计者必须在精通信息技术和计算机网络的同时，熟悉医院管理的业务规律，两者缺一不可，这也是信息系统建设中的一个最基本的道理。在现代信息技术和计算机网络基础上，真正掌握医院行政管理和临床管理的方法和流程，引进先进的医院管理理念和模式，改进医疗服务工作流程，降低医疗成本，提高医疗质量，是医院管理系统开发和应用成功的关键。

3.2.1 国外医院管理系统发展现状

国外关于医院管理系统的研究和发展至今已有四十年的历程，取得了不小的成就。在 20 世纪 50 年代，美国率先把计算机技术应用于医学领域，起初只局限于财务方面的管理，后来逐步扩展并发展为医院信息系统。在 20 世纪 70 年代，医院信息系统的发展开始分化，分别指向小型机系统与微机系统。进入 20 世纪 90 年代后，主要发展方向是向影像学发展，同时把医生的诊断、医嘱及住院病历信息等管理起来。而随着互联网的出现，医院的网络化管理已经成为趋势。现在美国医院管理系统的技术已经相对成熟，而且有实力的医学机构仍在对医院管理系统进行进一步研究。例如美国犹他州盐湖城 LDS 医院的 HELP 系统，麻省的 COST-AR 系统，IBM 公司目前正在研发的 CHAS 系统等等。

日本与欧洲在医院管理系统的研究与应用方面起步较晚，其开始都在 20 世纪 70 年代，但发展并不逊色于美国，而且各具特色。日本主要采用自上而下的设计方式，其特点是采用集中处理方式和以大型机为核心，其趋势是系统化、网络化。

欧洲则在医院的联合管理及医疗共享上走在前列，如"红色系统"（由丹麦政府支持实现）能够同时管理七十多所医院及诊所。

而这种特点也的确是医院管理系统目前发展的方向。

3.2.2 我国医院信息系统发展现状

在我国,随着中国加入 WTO 和社会信息化进程的加快,拥有功能完整的医院管理系统已经成为衡量一个医院综合实力的重要标志,如何使医院管理系统真正为医疗、教学、科研和管理服务,挖掘影响我国医院管理系统发展的原因,已成为医院和医学信息学工作者的重要研究课题。

借鉴国外的先进经验,根据医疗系统的信息化水平划分,我国医院信息化发展主要需经历三个阶段:

第一阶段是医院管理信息化(HIS),在"以病人为中心"的前提下,主要以财务核算为轴线,开展以收费项目为基准的一系列财务、后勤物资、病区管理等应用。

第二阶段是临床管理信息化(Clinical Information System,简称 CIS),以提高医护人员的工作效率和工作质量为目标,主要包括电子病历系统、医护工作站、医学影像系统等。

第三阶段是区域医疗信息服务(Globe Medical Information System,简称 GMIS),即在社区、偏远地区实现远程的医疗信息资源充分共享,这一阶段目前还处在实验当中。

2002 年,卫生部出台了《医院信息系统基本功能规范》,促进了我国医院信息系统由"以收费为中心"向"以病人为中心"的方向发展。2005 年 4 月 1 日,我国《电子签字法》开始实施,这对于电子病历(Electronic Medical Record,简称 EMR)的使用有很大的推进作用。

目前,国内医院信息化建设大部分处于第一阶段,即医院管理信息系统,正逐步向第二阶段发展,并开始了区域信息系统的研究。发展较快的是军队医院,其整体建设从 1995 年开始,已经建立了十一个信息化基地,从而促进了全军医院信息化的整体发展。目前军队医院已全部实现了信息化管理,部分大军区已经实现了军区机关到所属医院的联网,下一步将实现全军医院信息系统的联网。

2006 年,中国医院协会信息管理专业委员会李包罗等人对中国医院信息化程度进行了调查,结果如下:

一、信息部门全职人员数量

医院信息部门的全职人员调查情况如图 3-1 所示。我国医院平均 100 张床配备一名计算机技术人员,多数医院(78%)拥有的全职计算机技术人员为 10 人以下,常常是只有 3 至 5 个信息技术人员就要保障一个 500~1 000 张床位的医院信息系统,并保证全天二十四小时的不间断运转。而美国 20% 的医院在相同条件下,能够保证有计算机维护人员 100 人,相差 10 倍之多。这一方面说明我国医院管理系统的应用水平还比较低,同时也说明,医院的决策者对于信息系统的安全有效运转依赖于大量人力资源的支持缺乏足够的认识。调查结果还显示,信息部门的人员学历构成上基本合理,大学本科占 58.37%。

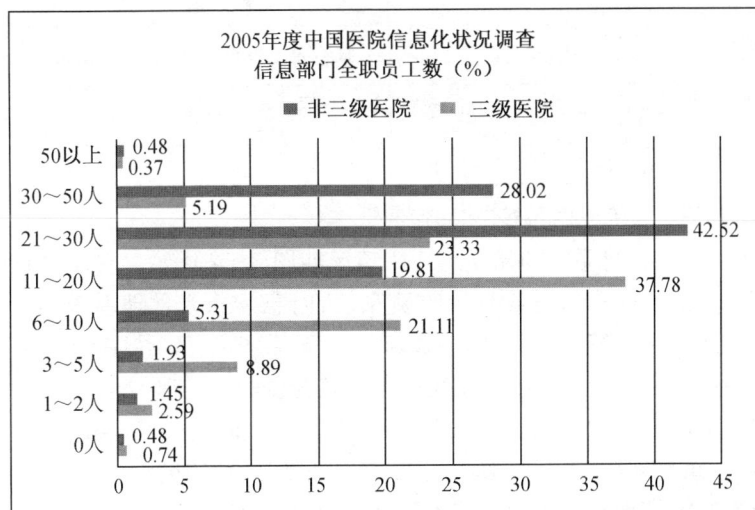

图 3-1　2005 年度中国医院信息部门全职员工数量

二、资金投入

参与医院信息化累计投入的资金情况如表 3-1 所示。全国有 18 393 所县级以上医院(2005 年卫生部统计报告),参与本次调查的医院有 488 所。信息化投资额平均为医院医疗收入的 0.69%。这一数据远远低于发达国家,但其增长趋势十分明显。

在所有参与调查的医院中,与前一年相比较,投资增加的占 44%,维持原有水平的占 27%。此外,我国医院信息化发展仍然十分不平衡,主要表现在地区的经济发展水平和医院的级别上,每张床位信息化投入的数额,经济发达地区高出欠发达地区好几倍,投资金额达 500 万以上的,三级医院占 91.87%。另一方面,信息化的资金主要花在硬件上,大约占总费用的 80% 至 90%,而花在软件上的资金则很低。而美国一般系统建设的费用分配比例是软件:硬件:人员培训和咨询费用=1:1:1。

表 3-1　参与医院信息化累计投入所占比例情况

	50 万以下	50 万~100 万	101 万~200 万	201 万~500 万	501 万~1 000 万	1 001 万~2 000 万	2 001 万~5 000 万	5 000 万以上	总计
三级医院	3.75%	4.45%	9.13%	14.29%	11.94%	9.60%	4.22%	0.70%	58.08%
非三级医院	16.63%	10.30%	8.20%	4.45%	1.87%	0.23%	0.00%	0.24%	41.92%
合计	20.38%	14.75%	17.33%	18.74%	13.81%	9.83%	4.22%	0.94%	100.00%

三、医院信息系统的使用情况

医院信息系统的建立与使用情况如图 3-2 所示。对于管理信息系统而言,门急诊划价收费系统,门急诊药方管理系统,入、出、转管理系统,费用管理系统,床位管理系统,病区(住院)药房管理系统,药库管理系统等系统的建设状况良好,参与调查的医院中应用比例均在 90% 以上。但另一方面,三级和非三级医院之间存在显著性差异,许多高成本应用,如全成本核算、辅助管理决策、供应链等,即使在发达地区的大医院使用比例也很低,因此在相当长一段时期内管理信息系统的更新仍会消耗大量资源。

对于临床信息系统,我国三甲医院已经有了广泛的应用,其比例之高超乎人们的预期,例如实验室信息系统占 62%,住院医生工作站系统占 58%,门诊医生工作站系统占 54%,电子病历占 47%,影像归档和通信系统占 45%;但使用层次较低,尤其是较为复杂的电子病历和影像归档和通信系统。

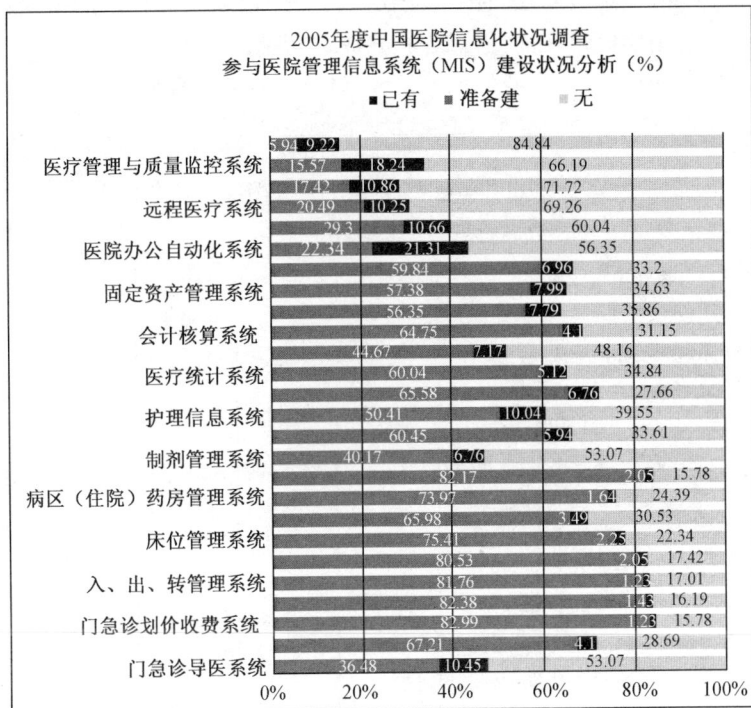

2005年度中国医院信息化状况调查
参与医院管理信息系统（MIS）建设状况分析（%）

■已有　■准备建　□无

系统	已有	准备建	无
医疗管理与质量监控系统	5.94	9.22	84.84
	15.57	18.24	66.19
远程医疗系统	17.42	10.86	71.72
	20.49	10.25	69.26
医院办公自动化系统	29.3	10.66	60.04
	22.34	21.31	56.35
固定资产管理系统	59.84	6.96	33.2
	57.38	7.99	34.63
会计核算系统	56.35	7.79	35.86
	64.75	4.1	31.15
医疗统计系统	44.67	7.17	48.16
	60.04	5.12	34.84
护理信息系统	65.58	6.76	27.66
	50.41	10.04	39.55
制剂管理系统	60.45	5.94	33.61
	40.17	6.76	53.07
病区（住院）药房管理系统	82.17	2.05	15.78
	73.97	1.64	24.39
床位管理系统	65.98	3.49	30.53
	75.41	2.25	22.34
入、出、转管理系统	80.53	2.05	17.42
	81.76	1.23	17.01
门急诊划价收费系统	82.38	1.43	16.19
	82.99	1.23	15.78
门急诊导医系统	67.21	4.1	28.69
	36.48	10.45	53.07

0%　20%　40%　60%　80%　100%

图 3-2　医院信息系统建立与使用情况

四、信息技术使用情况

医院目前采用的信息技术情况如图 3-3 所示。随着计算机信息技术的迅速发展,越来越多先进的硬件、软件平台和最新信息技术被引入医院信息系统,但由于投入的限制,新技术的推广速度比较缓慢,这一点与美国医疗卫生信息与管理系统协会(Healthcare Information and Management Systems Society,简称HIMSS)的调查结果一致。在中国,只有高速网络技术使用比例超过 50%,而美国在 2004 年,高速以太网、互联网、无线网络等技术的使用就超过 60%。多层体系结构、集中存储、移动、集成引擎等重要的信息技术在我国只是在大医院中得到不同程度的应用,我国使用比例排在前五位的高速网络、无线、条码也是美国使用比例较高的技术,可见我们的信息技术使用与美国有趋同性。

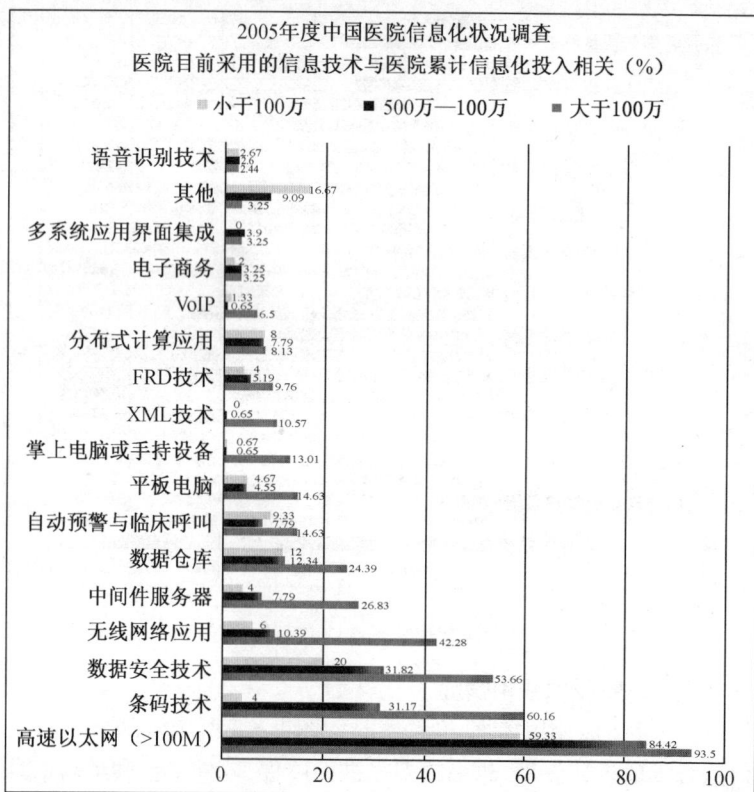

2005年度中国医院信息化状况调查
医院目前采用的信息技术与医院累计信息化投入相关（%）

图 3 - 3 医院信息技术应用统计

五、标准的使用情况

医学信息标准化的问题越来越成为制约信息产业飞速发展的瓶颈。信息的标准化有不同的层次,比如信息表达、信息交换与共享、信息流的标准与互操作性、术语标准与语义的机器可理解性等等。在编码标准使用情况的调查中,仅24%的医院反映为全部采用,68%是部分采用,8%则完全未使用。其中,国际疾病分类ICD10(63%)和 ICD9(21%)使用范围最广,图像传递标准DICOM3、卫生信息传输标准 HL7、互操作标准 IHE、医学术语类标准 SNOMED 和 LOINC 的使用率分别是 36.68%、18.24%、4.51%和2.66%,而这些标准在美国都被普遍使用。

六、我国制定的相应法律法规和标准

1997 年 7 月,为了保障医院信息系统软件的质量,维护使用单位的合法利益,卫生部颁布了《医院信息系统软件评审管理办法(试行)》;2001 年 1 月,卫生部根据国务院发布的《互联网信息服务管理办法》制定了《互联网医疗卫生信息服务管理办法》,目的是规范互联网医疗卫生信息服务活动,促进其健康有序发展;2002 年 4 月,为了适应信息技术的发展,卫生部公布了《医院信息系统基本功能规范》,取代了 1997 年的《医院信息系统软件基本功能规范》,目的是加快卫生信息化基础设施建设,规范管理,提高医院信息系统软件的质量;2003 年 11 月,国家中医药管理局在此基础上,又制定了《中医医院信息化建设基本规范(试行)》;2005 年 4月,由人大常委会通过的《中华人民共和国电子签名法》开始实施,对电子病历 EMR 有较大的推动作用。

近年来,国家和卫生部加快了医学信息标准化的步伐,加强了领导与协调,增加了资金投入,成立了卫生信息标准专业委员会,启动了一系列像《国家卫生信息标准基础框架》、《医院基本数据集》、《中国公共卫生信息分类与基本数据集》、《社区医疗信息系统基本功能规范和基本数据集》、《社区居民标准化健康档案》、《妇幼保健信息系统基本功能规范》、《健康卡数据和公钥基础设施标准》

等规范课题。一些民间的标准化组织如"电子病例标准委员会"、"HL7China"、"IHE China"、"Dicom China"或者已经成立并投入标准起草工作,或者正在积极筹备建立。所有这些正是应对上述需求所作的努力。

3.3　医院信息系统与医保信息系统接口的实现

　　医保中心的医疗保险信息管理系统通常包括两部分:医保核心系统(中心数据库)和医保结算系统(定点医院端)。医保核心系统负责管理参保人员的基本档案、医疗保险基金的征集和管理,制定各种参数标准;医保结算系统则根据医保核心系统提供的 IC 卡状态、参保人员的类别、医疗保险的支付标准及参保人的个人账户、统筹基金支付情况来完成医疗费用的结算。因此,医保中心数据库与定点医疗单位有效连接,使得参保人员情况、账户信息及相关政策信息数据实时同步,是医疗保险信息系统的一个重要环节。

　　如何按照医保的规定内容,将医院信息系统和医疗保险系统结合起来,使之成为一套完整的有机整体,既符合医保要求又满足医院系统的正常工作,成为医院信息管理工作的重点。现行医疗保险制度的诸多特点决定了只有医院信息系统与医保信息系统的有机结合才能有效地实施医保政策。然而目前由于多种因素的制约,医院信息系统与医保信息系统的结合阻力重重,以至于部分医院为了医保不得不同时使用两套系统,即医院信息系统和医保信息系统的两个医院前台收费软件,造成人力、财力的浪费和管理的混乱。

3.3.1　接口设计的原则

　　医保信息系统与医院信息系统的连接方式是采用远程网经中心路由器通过 VPN 专用通道与医院端路由器相连;医院也可以利用普通电话网以拨号方式进入中心与服务器相连,它既作为大型医院的备用线路,也作为小型医院的主要上网方式。医保系统的高平台、先进的实时性、更高的安全性,使得所设计的与医院管理系统接口的软件必须达到以下几个具体原则。

一、医疗数据的唯一性

医保的参保人员的医疗消费数据必须要求一致,这是医保系统与医院系统接口的最基本原则。医院的信息管理系统除了将病人数据登记在医院管理系统以外,还必须按照医保中心的要求登记在医保中心的主机系统中,这就要求在两个相对独立的系统中,医保病人的消费记录保持一致,其消费记录都必须来自医院的住院管理系统,以确保数据的唯一性。

二、医保系统的安全性

医保中心系统的主机存放着几十万甚至更多参保人员的基本档案、个人账户和统筹基金、个人和单位账目等多方面数据,关系到参保人员的切身利益,其数据要求高度安全。因此,医保系统不可能对医院系统完全开放。任何医院管理系统要求与医保系统连接,其接口方案都必须经医保中心审核,在保证医保系统安全的前提下,做好接口工作。

三、高效快速的性能

医院系统与医保系统连接,其接口软件要求高效快速,对现有系统的速度影响减至最低程度,以缩短操作时间及病人等待时间。医保系统可以提供医院前台收费软件,通过该收费软件将医保病人的消费数据实时传送到医保中心的主机系统存储,这些消费记录既是医保病人的消费数据记录,也是医保中心与医院进行财务结算的重要依据。医院信息系统通过 IC 卡读卡器读出个人 IC 卡号等信息数据送往医保系统确认,医保系统返回个人基本信息,医院收费系统据此进行挂号、住院登记及收费;医院收费系统需将收费明细项目金额传送至医保系统,医保系统根据医保政策及病人的基本信息,计算出三部分付费金额,即个人账户支付金额、个人现金支付金额及统筹基金支付金额,并将其返回给医院收费系统,医院收费系统据此打印发票并写入 IC 卡。

3.3.2　系统接口的对接方式

系统对接的方案大致可分为三种方式：

第一种方式是无缝结合，即由医保软件开发商进行医院信息系统的开发，两套系统完全融为一体，但是这种方式意味着医院信息系统需要重新开发，原来的医院信息系统的投入全部作废，成本最高。

第二种方式是基于动态链接库的对接，即医保软件开发商提供动态链接库接口，医院信息系统根据动态链接库的参数个数、类型、返回值等进行链接库的调用从而实现系统的对接。这种方式要求医院信息系统需要做较大的改动，系统运行调用链接库时，双方必须遵守相同的规则（如参数个数、类型、返回值等），并且任何一方的系统对动态链接库的改动，必然引起另一方相应的改动。

第三种方式是基于数据的对接，即双方根据需求建立一个医保系统和医院信息系统的公共数据区，双方按照约定的规则向公共数据区读取、写入信息，以供自己或对方使用，实现系统的对接。这种方式相对成本较低且易于开发完成，因此大部分医院都采用这种方式完成对接。

为保持两个系统的独立性，接口要求只提取医院信息系统中的住院病人费用数据，而不能改动其中的数据。对医保系统也只能是向其中导入医保病人的费用数据和提取医保信息系统中医保病人登记、结算数据，对医保系统的程序不能改动。

要保证接口系统的成功，首先要做好数据的提取工作，提取的数据要保证准确，要和医院信息系统中的数据保持一致；其次，要做好两个系统中的项目字典的关联工作，保证项目字典相互对照一致，确保数据导入医保系统后能正确识别。

第4章　新型农村合作医疗信息系统

为切实减轻大病患者的经济负担,有效缓解参合农民看不起病和因病致贫、因病返贫现象的发生,解决农民"看病难、看病贵"的问题,新型农村合作医疗(简称"新农合")制度开始建立。新型农村合作医疗是我国社会保障体系中的重要环节,是切实解决"三农"问题,全面建设社会主义新农村的重要保障。随着新型农村合作医疗的不断深入发展,其业务量也将大大增加,传统的手工管理方式已无法适应新的业务需要,新型农村合作医疗信息系统便应运而生。

由于新农合起步晚、时间短、资金少,其信息系统与社会职工医保系统相比较更为简单和易管理。目前新农合信息系统在有些省份已实现全省统筹,运行比较顺利,对医疗保险信息系统具有重大的借鉴意义。本章对新农合信息系统的作用、发展现状、集中模式以及存在的问题进行分析,以期对医保信息系统的建立与完善有所借鉴。

4.1　新农合信息系统的主要作用

新型农村合作医疗制度,是指由政府组织、引导、支持,农民自愿参加,个人、集体和政府多方筹资,以大病统筹为主的农民医疗互助共济制度,采取个人缴费、集体扶持和政府资助的方式筹集资金。随着新农合制度的运行,参合农民规模逐步扩大。截至2013年,新农合参保人数达8.02亿,参合率达99%。参合规模的扩大,对政府部门的管理能力提出了更高的要求,传统的手工作业方式已经暴露出越来越多的问题,难以满足信息收集分析处理、基金监管、风险防控等方面的要求,严重影响了新农合制度的健康运行。

卫生部在 2003 年新农合试点开始时就非常重视信息化工作,先后出台了《关于新型农村合作医疗信息系统建设的指导意见》、《新型农村合作医疗信息系统基本规范(2008 年修订版)》等重要文件,这是全面实施好新型农村合作医疗制度的重要举措之一。

新农合信息系统的主要作用有:

一、优化服务网络,简化报销程序

建立新农合信息系统后,参合农民的医院报销可全部纳入计算机网络化管理,在方便就医的同时,也减少了报销过程中人为因素的影响,使合作医疗基金运行更为安全,规范了住院报销资金的管理,杜绝了人情结报的现象。同时各定点医疗机构和相关部门可以进行自动化的业务流程操作和管理,医院在进行收费结算时可以获取快捷、准确的信息,实现农民医保信息采集和补偿的及时处理。参保农民、医疗机构能够与合作医疗经办机构实时或非实时地进行信息传输和费用结算。利用网络这个平台,可以真正符合新农合在信息化过程中"整合资源、统一标准、信息共享、规范管理"的建设原则。

二、实现"无纸化"办公,降低工作成本

过去,患者的入院、住院、转院、出院的检查、治疗项目审理,有着非常复杂和繁琐的程序,医院要先进行初审,然后合作医疗管理部门再进行复核、结报、记账、汇总、分析、出报表等。而如果没有实现信息化管理,这些过程都是靠医院工作人员的人工操作,工作量之大,涉及数据之多是难以想象的。

在进行新农合的信息系统建设后,工作流程进行再造,使得各工作环节更加精简、高效,同时废除了手工模式,大大减少了相关人员的工作量,实现了人力资源的优化。利用计算机系统也实现了无纸化办公,避免了传统的工作流程中物品和能源的消耗,也符合当今时代的"低碳"工作理念。虽然信息化建设需要一次性投入较大的成本,如购置电脑、建设网络、购买系统、培训相关工作人员等,但从长远来看,减少了处理环节,确保了数据的准确性,平均成本还是较低的。

三、农民就医报销更加方便、快捷

我国新农合的建设,最大的服务主体和受益主体是广大农民患者。在过去,很多参合农民在进行诊治、转院、出院、结账、报销等过程时,经常会感觉到各流程的繁琐、各定点医疗机构和相关管理部门工作的低效和信息的不对称,甚至是资金的不安全。而实现信息化管理后,利用新农合信息系统,参合农民在就医时只需要带上"一卡通"和身份证即可刷卡就医;医务工作者可核实患者身份,还可以及时查询参合农民的缴费金额和家庭账户资金使用情况;同时还可和新农合医疗管理办公室进行实时数据传输,进行信息共享。

新型农村合作医疗制度在经费征缴、数据库建立、费用审核结报、资金管理、信息查询等方面,工作量非常大,如果还是依靠传统的手工处理方式是很难高效快捷地为广大农民服务的。新农合信息系统的建立提高了工作效率,方便农民结报,实现了在线参合、就诊、结算、审核、查询等一系列功能。

四、利用信息管理系统网上监控,保障新农合资金安全

在新农合制度应用和推广的过程中,合作医疗经费是否被挪用、贪污,政府的各项政策能不能兑现,在报销过程中是否存在人情结报,报销额度和范围是否因人而异,信息是否公开、透明等一系列问题困扰着广大农民。不可否认,在传统的人工管理资金、手工结报的情况下,确实存在着人情结报,也存在着信息不对称。因此,建立和完善新型农村合作医疗信息系统,是保障基金安全的重要途径。

首先,各县级市都设立了新农合管理办公室,利用网络系统,

管理人员可对定点医院预警项目进行提示,比如定点医院医疗费用总额预警、参保农民异常医疗预警、基金总额预警等。医院可以通过信息系统对目录药品比重、药品费用、检查费用及劳务费用在总费用中的比例,单病种总费用是否超过定额或限额标准,住院次数等进行预警。其次,通过信息网络,使各级政府、各有关部门能在自己权限范围内,及时了解资金的运行情况,及时向农民群众公示有关政策和信息数据。所以,建设新农合信息系统对于各相关部门在线审核结算、信息汇总、实时监控、预防风险等方面具有重要意义。

五、提高新农合基金的科学管理水平

新农合基金管理的基本原则是以收定支,量入为出,逐步调整,保障适度。在操作过程中,根据个人、集体和政府三方出资总额,结合当地疾病发生情况、就诊和住院情况,以及各级医疗卫生机构医药费用测算结果,确定补偿范围、补偿比例、起付线以及封顶线。但在实际运行中,新农合基金的使用难以把握。

为了防止超支,管理部门有时宁可在前期少报销而使得基金剩余,到了年底再根据基金的剩余情况进行二次补偿。而二次补偿的必要性与公平性一直受到质疑。信息系统的建立能够实时监控资金的运行,控制运行风险,并依据运行情况制定科学的筹资额、补偿范围、补偿比例、起付线以及封顶线的标准。

4.2　新农合信息系统的发展现状

4.2.1　新农合信息管理系统总体目标及组成

新农合的信息系统总体目标分为宏观和非宏观两个层面,宏观层面主要是对社会经济发展的促进,非宏观层面主要是指提高工作效率,确保新农合基金的安全。

宏观层面的目标有:

1. 为全县乃至全市农民逐步建立起终生有效的电子化健康档案,增强全民的卫生保健意识,推行预防为主的观念,提高人民健康水平。在产生大量数据的基础上形成全民疾病谱,为政府宏观卫生决策提供第一手资料。

2. 通过本系统的不断建设完善,逐步把农民完整的健康医疗信息整合到一起,从而创造区域化农民健康医保信息一体化管理的全面解决方案。这些宝贵的、真实的、连续的资料将构成强大的健康信息资源,从而产生巨大的社会效益和潜在的经济效益。

3. 初步实现数据挖掘,突出疫病预警和公共卫生突发事件的快速反应和及时处理,建立起抵御和控制传染病的第一道防线。

4. 与自治区农民健康档案管理信息系统对接,实现资源共享。

新农合信息系统的组成部分包括硬件、软件和操作人员三种,软件主要是采用"新型农村合作医疗管理信息系统",硬件则包括网络服务器、UPS 不间断电源、千兆路由器、普通台式计算机、平推针式打印机、激光打印机等,通过电信或其他的网络经营商的宽带进行连接。操作人员主要有县级合管办、乡镇合管办、定点医疗机构、卫生局和政府部门。其中定点医疗机构的工作人员主要为操作新农合系统,县(乡镇)两级合管办工作人员既有操作也有监管,而卫生局和政府部门工作人员主要为监管,因此权限有所不同。

4.2.2 新农合信息管理系统建设步骤及预期效果

新农合管理信息系统项目内容包括应用系统建设、网络系统建设与安全体系建设。具体可概括成两个系统三个机制,两个系统分别是参合、补偿应用系统,综合信息查询系统;三个机制包括农村合作医疗基金分析评估机制,农村医疗卫生体系监督与监控机制,面对不同层次对象医疗信息发布机制。整个系统的内容如图 4-1 所示。

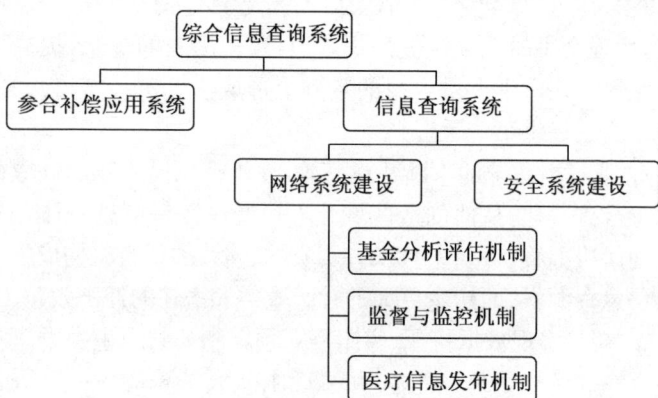

图4-1 新农合管理信息系统项目框架图

新农合的预期效果是建立新型农村合作医疗信息交换平台和新型农村合作医疗中心数据库,集中存储和利用农民健康信息和新型农村合作医疗信息,实现参合者健康信息的完整记录。编制农村合作医疗信息交换标准,为数据共享和设计整合奠定基础,推动新型农村合作医疗工作的规范化、标准化,提高新型农村合作医疗的水准。逐步实现全县各医院、新型农村合作医疗经办机构、农村卫生服务机构之间医疗卫生信息共享,实现与全县公共卫生信息平台的数据交换。为各级领导和相关业务处室提供完整的农民健康信息、疾病信息和新型农村合作医疗信息。开发和研制农民健康信息处理挖掘软件及相应算法,以支持医疗卫生的宏观决策。

4.2.3 新农合信息系统集中模式的比较分析

由于新农合信息系统建设覆盖面广、涵盖人口多,很多信息技术和方案都是首次应用,没有现成的经验可借鉴,因此在这几年的建设中,出现了多种信息系统的集中模式。本节主要对我国现有的新农合信息系统的集中模式进行探讨。

新农合信息系统集中模式有省级集中模式和县级集中模式,

不同的模式下又分别有服务器集中、数据集中、业务系统集中等多种形式。

一、县级集中

新农合信息系统的县级集中模式,是指以县为单位,建立县级数据中心,部署服务器和业务系统,并存储管理数据。新农合为"县办县管",因此新农合信息系统的县级集中模式是较自然的方式,容易操作,不会在行政管辖上造成冲突。同时,以县为单位的建设方式,也易于分步骤实施,各县可以根据自己的实际情况建设。

但是县级集中模式也有明显的缺点:投资大、人才缺。每个县级数据中心均需要采购服务器、存储、安全和应用软件等相关产品,而现实情况是很难确保有足够的资金为每个县级数据中心购置全面完整、先进的基础设施,造成县级医保中心要么缺少服务器,要么缺少存储资源,要么缺少安全措施,始终存在"短板"。另外,县级数据中心缺少技术人员,技术队伍也不稳定,面对众多日新月异的软硬件产品和技术,管理难度可想而知。这两大问题导致的结果是数据安全性差、系统稳定性不好、信息技术资源利用率不高。

二、省级数据集中、县级业务前置

省级数据集中、县级业务前置模式也有部分省份在采用。该模式在县级部署前置服务器和业务系统,数据存储于省级平台。

业务前置模式容易操作,符合"县管县办"的要求,不会在行政管辖问题上造成冲突。业务前置模式较县级集中模式有了巨大的改变,比如业务数据备份在省级平台,数据可靠性得到了很大提升,不会轻易造成数据灾难性丢失。但是本地数据安全性依然很脆弱,一旦丢失数据,仍会涉及参合人员个人隐私泄露问题。另外,县级集中模式下的投资大、管理难、信息技术资源浪费等问题依然存在。

三、省级数据集中、县级虚拟前置

这种模式是指在物理上，所有的服务器和业务均部署在省级平台，数据也存储于省级平台，而在逻辑上，为每个县对应一组虚拟资源（存储、服务器和应用系统等）。

县级虚拟前置模式与县级业务前置模式的业务逻辑模式完全相同，应用软件不需要进行任何改变。所不同的是，业务前置模式在县级数据中心有台真实存在的服务器，而虚拟前置模式在县级数据中心并没有看得到的服务器，这台前置服务器存在于省级数据中心，并且还是虚拟机。

从物理到虚拟，这是一个飞跃的过程，不设县级数据中心，资源统一部署在省级平台，解决了很多困难：无需大量资金为县级数据中心购置服务器和安全、存储等设备，避免了服务器利用不足或浪费；缓解了县级管理压力，由技术水平更高的省级平台来维护管理，避免了数据在县级数据中心丢失、损坏。

然而县级虚拟前置模式会受到两个困难的影响，即性能困难、管理与责任困难。性能上的困难主要体现在：以前乡镇通过虚拟专用网络直接连接到县级平台，而现在则通过虚拟专用网络连接到省级平台，通常直观上会让人产生执行传输性能降低的感觉。当前电信基础运营商在很多地方的因特网建设已经相当完备，县级因特网出口通常为 2.5G 或 10G 的带宽，因此"乡镇到县"，与"乡镇到省"，传输性能相差无几。但是，由于因特网存在发展不均衡的问题，在个别地方、特别是乡镇卫生院和省级平台选择接入到因特网的电信基础运营商不同时进行，就可能会产生传输性能降低的问题。

另一个问题是管理与责任。在县级虚拟前置模式下，所有的系统都在省级平台，省级信息技术人员的管理工作量成倍增加，同时信息系统的责任也由县级转移到省级，这对省级信息技术人员是一个挑战。

四、省级数据集中

省级数据集中模式较之前者的几种方式更进了一步,不再是业务前置。该模式涉及业务流程的改变,以前的软件基本以县级平台方式编写,业务流程中有县级平台环节,采用了省级数据集中模式后,需要相应的改动软件。省级数据集中的其他优缺点与虚拟前置相同。

总体而言,省级集中模式是最高效的,是行业信息化的大势所趋。这种大集中模式在其他行业已经充分得到成功验证,例如金融行业和电信行业,就是典型的数据大集中例子。省级集中模式能够用有限的资金,集中建设高品质的数据中心,利用信息安全管理体系(Information Security Management System,简称 ISMS)指导安全系统建设,全面考虑容灾备份等,使系统更加可靠和可扩展,同时提高了信息技术资源的利用率。省级平台的信息技术人员储备和培训容易实现,能够承担起对服务器、网络、数据库和应用系统的运行情况进行统一监控和管理的责任。未来更可以基于信息技术基础设施库(IT Infrastructure Library,ITIL),从系统功能管理、系统部署管理和系统性能管理方面建立信息技术生命周期管理体系。

4.3 新农合信息管理系统的现状以及存在的问题

尽管新农合信息系统在全国都已经建立,并且取得了一定的成绩,但是仍存在许多问题,主要有:

一、各地县级新农合业务系统建设发展不均衡,水平差异大

目前,仍有个别省市没有建设县级业务系统,业务处理完全依靠手工完成,数据的可靠性、及时性不能保证,也不利于资金的安全运行和监管。在软件建设方面,有些省市采用统一的网络版业务系统软件,但是个别偏远地区采用单机版,两者功能相差较大;另外,绝大多数省市采用1~3家开发商的业务软件,但是个别省市采用10多家开发商的业务软件,其中少数开发商根本没有按照卫生部有关规范进行开发,有些县自主开发的软件缺乏技术指导,

导致资源浪费,更重要的是不利于将来与省级信息平台连接。在硬件配置方面,有些县建有中心机房,有些县只有一台服务器,甚至还有个别县租用软件公司的服务器。

二、县级业务系统和医院信息系统接口困难,影响数据的准确性和有效性

目前各地新农合定点医疗机构使用的医院信息系统的开发商繁多,没有统一的标准规范,这给与新农合县级业务系统的连接带来了很大问题。另外医院信息系统的开发商和医院领导的利益保护,使接口更显复杂,也间接地增加了新农合信息化建设成本。至今,全国只有个别省市实现了新农合县级业务系统和医院的对接,其他绝大多数地区还是手工录入处方,大大增加了管理成本和基层管理人员的工作量,也容易出现录入错误,影响数据的及时性和准确性。

三、各级信息平台未能实现对接

部分经济较落后的省份,还未对县级新农合医疗管理信息系统进行项目验收,没有建立统一的信息平台和数据库。目前还有一部分较偏远的县级信息系统平台不能与省级新农合信息平台对接,这样就不能实现数据上报、政策下达、异地就诊即时结报等功能。截至 2011 年年底,新农合和最低生活保障分别有 336 个县和 1 657 个县尚未实行信息化管理。

四、新农合异地就医"即时结报"存在问题

目前有部分省份还未建立统一的新型农村合作医疗信息管理系统,将全省所有市、县、乡连接在网络系统内,各地新农合信息系统不能实现资源共享。2013 年度全国农民工总量为 2.69 亿人,其中外出务工农民数量为 1.66 亿人。虽然我国新农合覆盖人群达到 8.05 亿人,参合率持续稳定在 90%以上,但由于各省市现实情况不同,造成医保政策不统一、统筹标准不统一、报销标准不统一、信息系统建设情况不统一、医保平台不统一、社保和医院管理方式也不统一,在这种情况下很难实现跨地域结算。

在部分已实现省内跨区域"即时结报"的省份,仍有一些还未

能实现跨省结报。随着外出务工农民越来越多,异地就医难、报销难问题显得尤为突出。

五、新农合信息管理人员流动性较大、岗位责任意识欠缺

由于基层工作环境较艰苦、工作任务繁重、工资待遇不高,所以技术人员的流动性较大。有些较偏远地区,缺乏专业的计算机和信息管理工作者,由其他部门管理人员负责,这也影响了数据的安全性和系统的稳定性。还有部分信息管理工作者缺乏专业的培训,不能明确自己的岗位责任,不能熟练掌握信息系统的操作。

六、省级信息平台建设滞后,影响数据的共享和监管

省级信息平台建设进度差别很大,有的省市已经进入实施阶段,有的只是完成省级信息平台的硬件采购工作,多数省市还处于观望和起步阶段。究其原因,主要是各省及新农合管理部门对省级信息平台建设的内容、功能及规模认识不一致,从而导致需求不清晰,使软件开发商对省级信息平台系统的开发也比较滞后;其次是省级信息平台的建设投资大,参与的开发商较多,而且许多未参与县级业务系统开发的开发商也盲目参与,以致招标过程中常常出现恶意压价。结果某些开发商虽然低价中标,但是因为不了解业务而无法最终完成开发任务。另外,也有一些省市由于多家软件供应商各自为政,最终导致省级信息平台无法建设;还有一些省市由于县级财政困难而没有建设县级业务系统,从而导致省级信息平台建设比较滞后。省级信息平台建设滞后,使各省对新农合运行的监管缺乏有力和有效的工具,数据不能实现共享,在上报和汇总数据时缺乏准确性和及时性,严重违背了新农合信息化建设的意图。

七、数据的安全性较为薄弱

新农合的数据包括农民的个人信息、就医信息和补偿信息等,应当绝对防止数据丢失、破坏,保证数据安全。由于目前对新农合的数据安全没有明确的规定,加上各地财政的支持力度不同,因此各地对数据的存放、备份方式各不相同,有些在单机上存放,有些在服务器上存放,有些则托管于公司,数据的安全性令人担忧。

第5章 金保工程与医保信息系统

金保工程是指利用先进的信息技术,以中央、省、市三级网络为依托,支持劳动和社会保障业务经办、公共服务、基金监管和宏观决策等核心应用,覆盖全国的统一的劳动和社会保障电子政务工程。金保工程所管理的信息包括就业、医疗、工伤、生育和失业五项社会保险业务,通过信息系统将各类信息有机组合,可充分发挥社会保障体系的整体效益。因此对医疗保险信息系统而言,必须符合金保工程的相关要求,以金保工程的建设目标和指导原则为基础进行开发建设。

本章简单介绍了金保工程的指导原则和发展现状,重点突出了金保工程中关于医疗保险信息系统的相关要求,对各地医疗保险信息系统如何尽快地融入金保工程进行了相关的分析。

5.1 金保工程简介

5.1.1 "金保工程"的发展和意义

党中央、国务院历来十分重视劳动和社会保障的信息化工作。2000年,朱镕基同志在辽宁视察时曾指示:"运用电子技术手段,建立统一的、覆盖全国的社会保障技术支持系统,实行现代化管理。各地社会保障资金的缴纳、记录、核算、支付、查询服务等,都要纳入计算机管理系统,并逐步实现全国联网。"吴邦国同志2002年初在贵州省视察劳动和社会保障工作时指示:"采用国家推广的统一的标准化软件,是一种非常好的做法。这样可以在今后实行全国联网、统一管理时,少走弯路,避免重复建设,造成浪费。"2003年国务院的工作重点,特别提出要加快社会保障信息化建设。

为贯彻国务院领导指示和落实国务院 42 号文件提出的建立覆盖全国的劳动和社会保障信息服务网络,"社会保障计算机网络建设要全国统筹规划、统一安排,做到软件统一、硬件设备要求统一、网络之间接口标准统一、数据传递方式统一,力争在 2003 年年底前全国社会保障计算机系统全面投入运行"的要求,劳动和社会保障部在 2000 年年底提出《全国社会保险信息系统建设方案》并于 2001年 9 月通过了专家评审。2002 年,党中央办公室 17 号文件出台后,电子政务社会保障工程劳动和社会保障信息系统分工程(简称金保工程)被列入国家"十五"期间重点发展的"十二金工程"之一。2003年 8 月,电子政务社会保障工程信息系统分工程一期建设项目建议书经国务院同意,全国"金保工程"正式整体立项。

金保工程是利用先进的信息技术,以中央、省、市三级网络为依托,支持劳动和社会保障业务经办、公共服务、基金监管和宏观决策等核心应用,覆盖全国的统一的劳动和社会保障电子政务工程。金保工程作为劳动保障制度的信息系统是我国社会经济系统的重要组成部分,是我国社会管理和宏观经济调控的重要工具。全国统一规划、统一建设金保工程,统一设计、统一开发应用软件和各项业务系统,可以节省大量的建设费用,充分发挥应用软件开发及维护的规模效应,也避免了因标准不统一、网络无法互联造成的资金浪费。

建设金保工程,是国家信息化战略发展的需要,电子政务工程建设将以"政府先行"的方式带动国民经济和社会发展信息化;是提高宏观决策水平的需要,将利用"网络扫描"等信息采集方式,全面掌握一手信息,并进行及时分析,从而进行有效的监测和预警,提高决策科学性;是加强社会保障基金监督的需要,可减少业务经办过程中的人为干扰,提高基金征缴、支付和管理的规范化、制度化,提高社会保险基金监管部门对基金运转的透明度和知情度,有效防止冒领养老金现象,切实防范和化解基金风险,加强基金监管力度;是改进劳动和社会保险业务处理方式和手段的需要,将社会保险登记、申报、审核、收缴、发放、稽核、账户、基金管理以及劳动力市场招聘、求职、就业登记、失业管理等诸环节纳入系统管理,实现劳动就业和社会保险业务管理手段的现代化和管理程序的规范化;是适应人员流动需求和统筹层次变化的需要,通过全国统一、标准一致、网络互联、信息共享的劳动保障信息系统,可支持人员跨地区流动、跨地区养老、跨地区就医时的业务处理和公共服务;是实现劳动保障社会化管理的需要,利用信息技术手段搭建街道(社区)社会保障工作平台,将劳动保障管理和服务的职能向基层延伸;是建立社会保障公共服务体系的需要,通过骨干网络和统一平台,可以跨地区、跨部门地向社会和全体公民提供各种公共服务,有利于增加劳动保障业务透明度,提供更广阔的服务空间,方便劳动者和参保人员。

金保工程的内涵可以简要概括为"一二三四"4个字:"一"是一个工程,指在全国范围建设一个统一规划、统筹建设、网络共用、信息共享、覆盖各项劳动和社会保障业务的电子政务工程。"二"是两大系统,指建设社会保险子系统和劳动力市场子系统。"三"是三级结构,指由中央(劳动保障部)、省、市三层数据分布和管理结构组成。"四"是四项功能,指具备业务经办、公共服务、基金监管和宏观决策四项功能。金保工程是党中央、国务院确定的"十五"期间电子政务重点建设的12个重要业务系统之一。这项工程的建设关系到劳动保障的基础建设,关系到劳动保障事业的长远发展,关系到劳动保障部门行政能力的提高。

近几年来经过劳动保障部门全系统的共同努力,劳动保障信息化建设步伐不断加快。各地金保工程建设都取得了一定的阶段性成果。一是完成了中央本级的立项和各地可行性报告编制工作;二是全国网络的基础架构已经形成;三是信息系统在宏观决策、业务经办、服务社会等方面已经发挥了重要作用。在许多地方,社会保险经办、就业服务、信息传输业务都可以通过网络完成,劳动者可以通过网络查询各项政策、就业信息和办理社会保险事务等。劳动保障服务的现代化、社会化程度大大提高。信息化工作对劳动保障工作的技术支撑作用逐渐显现出来。到目前为止,98%建立了网站的地方,劳动保障部门能够做到政策法规通过网站进行发布,64%的网站开展了信访业务,40%的网站能够及时发布空岗信息。这些信息技术的运用大大提高了信息传递速度和工作效率,为加强宏观分析和监督检查提供了技术支持。

5.1.2　金保工程的指导原则

金保工程建设的指导原则是:"完整、正确、统一、及时、安全。"

1. 完整

金保工程是一个完整有机的系统。从纵向看,各级劳动保障部门的信息化建设都是金保工程的组成部分,从中央到地方缺一不可;从横向看,金保工程要覆盖劳动保障各项业务,从劳动者就业、工资分配到社会保险参保缴费和待遇计算支付,实现对劳动者服务一生,管理一生。

2. 正确

金保工程建设必须坚持正确的建设方向,符合信息化发展的规律和劳动保障事业发展的需要。一方面要坚持以需求为导向,以应用为核心,以数据为基础。在金保工程建设上,把业务的实际应用放在第一位,统一规范数据采集,提供正确信息数据。另一方面坚持边建设、边应用、求实效的原则,切实把金保工程建设的成果及时转化成现实的行政管理能力,而不是中看不中用的"花架子"或"形象工程"。

3. 统一

统一是建设金保工程的灵魂,要做到统一领导、统一规划、统一标准。金保工程建设涉及各级劳动保障部门和各项劳动保障业务,涉及方方面面的相互衔接和交义。为了集中劳动保障部门全系统的力量,建成全国劳动保障系统统一的信息化平台必须加强统一领导。同时,为了使各级劳动保障部门和各个业务系统在金保工程建设上真正形成合力,防止出现各自为政、分散建设、重复建设等问题就必须加强统一规划。在金保工程建设中要自上而下建立统一的劳动保障信息通信网络和信息应用系统,使用统一的数据标准和技术标准,以确保劳动保障信息资源从源头到应用始终符合信息共享的要求。

4. 及时

信息化建设的重要目的是提高效率。数据不及时会降低系统的使用价值。面向社会服务窗口的内容要及时更新以方便业务开展,提高工作效率和服务水平。

5. 安全

金保工程系统设计和建设要把抗干扰性、抗攻击性和抗风险性放在至关重要的位置。要处理好信息的公开性和安全保密性的关系,做到系统环境安全、网络运行安全、数据储存安全。

5.1.3 金保一期工程取得的成果与不足

金保工程一期建设提出了如下建设内容:金保工程的网络系统由办公网、业务专网、公共服务网三部分组成,其中业务专网是建设重点;要在中央、省、市三级数据中心设立生产区、交换区和宏观决策区几个不同的逻辑工作区,分别建设不同功能的数据库;要建设应用系统,包括业务管理系统、公共服务系统、基金监管系统和宏观决策系统;要建立完整的安全防护体系,全方位、多层次地实现系统安全保障和安全访问控制;在部、省、市三级劳动保障部门建设统一的数据中心,实现对各类劳动保障信息的集中管理。

几年来,全国各地劳动保障部门按照"完整、正确、统一、及时、安全"的总体要求和"统一建设、应用为先、体制创新"的建设原则,大力推进金保工程建设,取得了一定的建设成果:

1. 数据中心统一程度普遍提高。在中央数据中心建设方面,已完成网络、主机、存储等设备的安装和数据的迁移，并完成了部端数据备份系统和综合网络系统管理平台的实施工作。目前中央数据中心已正式投入使用。各地通过设备集中、人员集中和数据集中，使数据中心的统一程度逐步提高。据统计，目前全国共有261 个单位(包括 4 个直辖市、25 个省级劳动保障部门和 232 个地市)建立了统一的劳动保障数据中心。

2. 全国联网工程建设取得成效。在 32 个省、自治区、直辖市全部实现与部联网的基础上，加强部省网络的安全加固工作，完成了部省网络调整及防火墙系统的安装配置和实施。省市联网和市域网建设取得较大进展，已有 24 个省(自治区、直辖市)实现了与所辖全部地市的联网。在全部地级以上城市中，85.9％实现了与省数据中心的联网，市域网覆盖达到 83.9％的经办机构，有条件的地区已延伸到街道、社区。

3. 联网应用稳步推进，开展了养老保险监测、失业登记和失业保险监测工作。截至 2008 年第二季度，养老保险监测上传数据量已达到 1.68 亿人次，占同期参保人员总数的 89.2％；2008 年 6 月，已有 25 个省份上报了失业监测数据，共上传数据 372.5 万条。完成了养老保险监测指标的调整工作，进一步完善了失业监测数据情况通报制度，加强了联网监测数据整理工作，上传数据质量进一步提高。加强了对监测数据的分析工作，使得监测数据在支持宏观决策方面的作用进一步体现。开展了医疗保险管理服务监测、工伤保险管理服务监测、生育保险管理服务监测等其他联网应用的方案设计，在长三角及新疆兵团地区开展的异地业务联网应用试点正稳步推进。与人民银行的数据交换工作稳妥有序进行，完成了征信接口系统的部署，交换地区即将扩大到所有省会城市和计划单列市。

4. 金保工程一期各统一应用软件的研发和应用工作进展顺利，正按计划实施。其中，社会保险管理信息系统核心平台第三版软件已基本开发完成；基层管理信息系统软件已通过部里组织的最终验收，并在山东泰安、河南郑州、陕西渭南等地区进行了试点；

财务接口及报表管理软件已完成初步验收,正在部分地区进行试运行;联网监测软件已完成初步验收,并安排在湖南、辽宁进行试点应用;社会保险基金监管软件已完成了需求确认工作,并调研了江苏泰州试点情况;基本明确了异地业务系统应用软件中异地退管、异地转移需求,并进入开发阶段,异地就医需求将配合江苏省内异地就医业务进一步完善;宏观决策支持系统软件的编码开发已基本完成,即将进行初验;公共服务应用软件中《金保工程劳动用工备案管理信息系统》已完成开发,并在吉林省试点,进入测试验收和培训阶段。在应用软件总集成方面,确定了异地业务总线传输方案,完成异地业务服务总线数据类传输的封装开发和测试,着手进行各统一应用软件的联调测试。加大了社会保险核心平台第二版和"劳动 99"第三版两个核心业务软件的推广力度,在江苏、河南、安徽、山东、广东、湖北等统一进行全省本地化实施的省市都取得了较大的进展。

5. 公共服务系统建设和应用取得新进展,在原人事部、劳动保障部网站的基础上,完成人力资源和社会保障部外网项目改版页面设计,开通了人力资源和社会保障部网站。据统计,2008 年 3 月,原劳动保障部政府网站的月总点击数为 5 229.4 万次,访问人数为 100.2 万;2008 年 8 月,中国劳动力市场网站的月总点击数为 1 908.7 万次,访问人数为 72.1 万。加强了对各地区政府网站建设和"12333 电话咨询服务中心"建设的指导。

6. 社会保障卡发放范围日益扩大,加强了对地方发行社会保障卡的管理和指导力度。截至 2013 年 11 月底,由人力资源社会保障部统一规划、面向社会公众发行的社会保障卡,持卡人数为 5.09 亿,全国已有 30 个省份发行了社会保障卡,发卡地市(含省本级及省直管县)达到 334 个,其中 22 个省份实现了所辖地市全部发卡。发卡人群已按照"覆盖全民"的要求,从城镇职工扩展到城镇居民和农村居民。

7. 各级劳动保障部门积极推进与公安、银行、民政、统计等部门的横向数据交换,实现了与其他部门的信息交换与共享。在中央本级,劳动保障部与中国人民银行参与了国务院制定的征信体系的建设,企业养老保险费缴纳情况和个人的养老保险交换数据已全部纳入到人民银行的征信系统当中,并得到了有效应用。许多地区在社会保障卡的应用中,将公安部门对农民工的管理、对外来人口的管理,以及对住房公积金的管理、对公交卡的管理等,集中于社会保障卡一张卡上,实现了相关部门间的一卡多用。

尽管取得了这些成就,但仍有一些问题存在并影响着金保工程的下一步建设。一是数据的质量和利用率。目前,许多社保数据都实现了市级数据集中,但其数据质量还有待提升。如何将这些数据良好地组织进而有效利用是建设者们急需解决的重要问题。二是信息安全问题。目前,互联网的安全问题日益严重,为了保障数据安全,各级社保部门大都采用了电脑物理隔离的方式,但是公众服务工程都需要在互联网上实现。在物理隔离的状况下,如何保障社保信息在互联网上的良好应用是下一步需要探讨的问题。三是条款分割和业务经办之后的管理问题。条款分割是许多部门都面临的问题,下一步横向数据的共享建设也将是许多社保单位需要尝试的方向。同时,在统一了劳动和社保业务经办流程之后,如何有效管理和应用也需要在建设中解决。

5.1.4 金保二期工程建设要求

金保工程二期建设的总体思路是根据《2006年—2020年国家信息化发展战略》和《劳动和社会保障事业发展"十一五"规划纲要》的精神,以全面提高劳动保障行政能力和服务社会的水平为目标,在金保工程一期建设的基础上,紧密围绕劳动保障事业的重点工作和发展方向,全面实现各项劳动保障业务的信息化,并通过系统整合和信息共享,为各项劳动保障业务之间的协同办理及跨地区协作提供技术支持;建立基本统一的面向社会的劳动保障信息化公共服务体系;建立包括统计分析、监测预警、预测分析、风险分析在内的多层次宏观决策支持和基金监管模式,为劳动保障事业可持续发展提供技术保障。

具体的建设要求是要实现四个"全覆盖",即协调推进就业服务、社会保障和劳动关系调整三大业务系统建设,扩大信息系统的覆盖范围,实现劳动保障各项业务工作的"全覆盖";将城乡各类劳动保障服务对象全部纳入信息系统进行管理,实现服务人群的"全覆盖";完善公共服务系统建设,为广大群众和各类用人单位提供多种手段、便捷实用的信息服务,实现信息系统功能的"全覆盖";完善劳动保障信息网络,将网络覆盖到各类劳动保障经办网点和服务网点,实现管理服务机构的"全覆盖"。

金保工程二期的重点建设内容有三个方面:

首先是扩大业务系统的覆盖范围,进一步完善社会保险信息系统,加快完善和开发劳动力市场信息系统、劳动关系管理及劳动保障监察执法监管信息系统、农村社会保险信息系统,加强基金监管系统和宏观决策支持系统的建设,为跨地区业务协作提供支持。其次是完善劳动保障信息网络,进一步完善劳动保障信息网,提高部、省、市主干网络性能,实现三级网络贯通,构建信息安全体系,建立全国统一的基于 PKI/CA 技术的信任体系和安全体系。最后是构建统一的劳动保障信息化公共服务平台,加强电话咨询服务系统的整合和劳动保障系统政府网站群建设,加快劳动保障基层信息平台建设,为开展社会化管理服务以及其他各项劳动保障管理服务提供技术支持。

5.2　金保工程对医保信息系统的要求

医疗保险信息化建设是人力资源社会保障信息化建设的重要组成部分,以相关信息数据的获取、共享和整合为核心,以信息安全为基础,涵盖医疗保险领域的各项信息化建设内容。医疗保险信息系统是各项应用于医疗保险领域的信息技术体系,包括由各类应用软件组成的软件体系,以及技术标准规范和支撑软件运行的计算机硬件、网络和通讯设备等。

医疗保险信息系统的建设工作应按照人力资源和社会保障信息化建设的总体规划,依托人力资源社会保障信息系统技术平台和金保工程建成的基础设施,建设服务于医疗保险领域的应用软件体系,完善相关应用软件的业务功能、运行环境和基础设施,支持各级医疗保险经办机构的业务经办,并提供统一的社会化服务和管理。医疗保险信息化建设以构建全国一体化的医疗保险信息系统为最终目标,建设内容包括统一的数据中心、信息网络、业务应用软件、运行环境等方面,以及集成相关应用软件、信息资源的建设方案和技术平台。

5.2.1 医疗保险信息系统的功能界定

按照功能结构划分,医疗保险信息系统应提供业务经办、业务管理、资金监管、社会化服务、异地就医管理及决策支持等主要服务功能,服务对象包括各级医疗保险经办机构、参保人员及定点医疗机构和定点药店。

1. 业务经办功能:通过业务应用软件建设,整合和优化医疗保险服务机构的业务处理模式,以统一数据中心为基础,实现各级医疗保险机构业务经办的计算机处理和规范化管理,实现本地业务处理全过程的信息化。

2. 业务管理功能:对省、市、区(县)级医疗保险经办机构的行政审批、服务监督和工作管理等职能提供支持,实现业务经办和行政审批的协同处理。

3. 资金监管功能:对医疗保险基金运行状况进行严格监控管理,降低基金风险。

4. 社会化服务功能:通过在医保经办机构和街道(乡镇)、社区服务窗口或其他公共场所建立信息发布系统,宣传医保政策,介绍服务项目和办理程序,向社会公众提供便捷的社会化服务项目。

5. 异地就医服务功能:实现跨地区的就医服务,支持异地就医业务的办理,实现异地就医信息的采集和信息交换,促进跨地区的医保信息交流。

6. 决策支持功能:以统一的业务资源数据库为基础,通过统计、调查以及联网检测等手段,建立医保信息采集体系,对数据进行分析和利用,建立分析模型,开展预警预测和决策分析,为政府有关医疗保险政策的制定和出台提供依据。

5.2.2 信息网络建设要求

医疗保险信息系统的信息网络建设,要按照人力资源社会保障信息化建设的总体规划进行,以金保工程建成的部、省、市三级业务专网为基础,逐步实现部级数据中心与省级、市级数据中心的互联互通,提高部与地级城市之间的直接访问能力,支持各项应用开展。图 5-1 为金保工程部省市三级网络结构图。

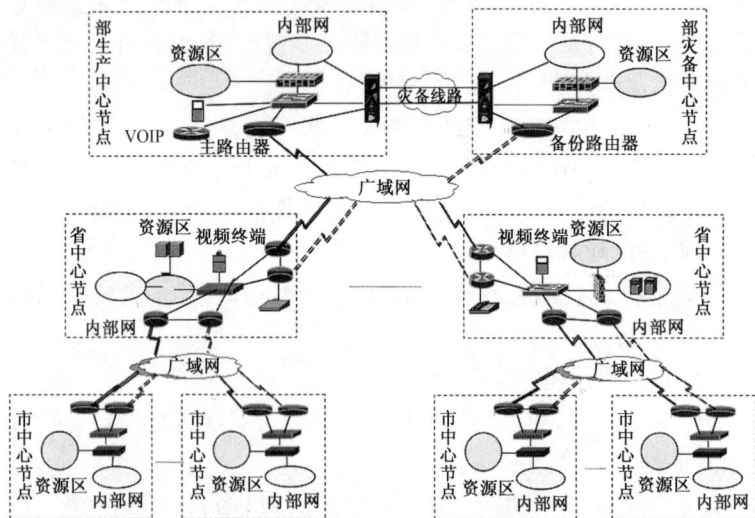

图 5-1　金保工程部省市三级网络结构图

各地网络系统建设必须严格遵守《劳动保障业务专网 IP 地址规划方案》(劳社信息函〔2003〕7 号)、《金保工程部省联网线路调整和部省市网络互联实施方案》或《金保工程部省联网实施方案》(劳社信息函〔2003〕26 号)、《部省视频会议系统实施方案》(劳社信息函〔2004〕14 号)中所规划的部省市网络拓扑结构、IP 地址、路由策略、域名、设备命名等规定。有关人力资源和社会保障业务专网的网络连接方式、网络设置、路由设备命名、网关主机等设备的配置情况、广域网、路由配置、防火墙管理等,按照《关于金保工程部省联网线路调整和部省市网络互联有关事项的通知》(劳社信息函〔2008〕1 号)规定执行。

5.2.3 公共服务系统建设要求

在公共服务系统建设方面,各级医保经办机构应建立政府门户的服务网站,实现医保信息发布、业务经办指南、医保政策咨询、监督与投诉、网上个人查询等功能,以及自助式的网上业务办理功能,为社会公众提供方便、快捷的信息服务。各地医保部门,还应在人力资源社会保障电话咨询服务中心(12333)的基础上,进一步完善服务功能,面向社会公众提供医保政策咨询和解答、信息查询等服务。且各地建设的人力资源社会保障电话咨询服务中心,其建设规模应考虑政策覆盖范围、提供服务的人口规模以及本地电话服务网络覆盖范围等因素。

5.2.4 硬件设备建设要求

一、市级数据中心系统配置

按照人力资源和社会保障数据中心建设的总体规划,市级数据中心应根据系统效率和安全需求,分设生产区、交换区、决策区和公共服务区。市级数据中心主要的建设内容是生产区,以支持核心业务的处理;建设交换区,支持数据交换和共享;建设决策区,对历史数据进行挖掘与分析,为决策提供支持;建设公共服务区,提供社会化的服务。如图 5-2 所示。

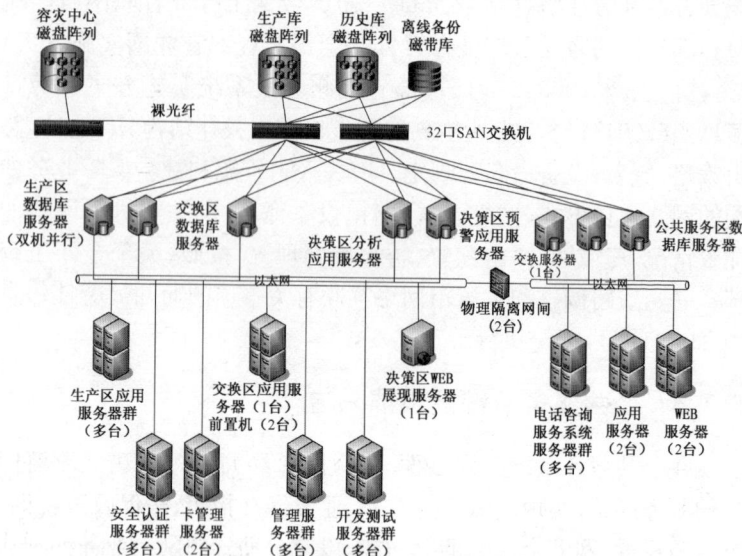

图 5-2　市级数据中心主机结构拓扑图

二、网络设备

网络系统是各项业务应用的基础运行环境,为数据中心的服务器设备提供网络连接功能,实现数据中心和其他网络节点的市域网建设。地级城市的网络系统建设包括局域网、市域网、公共服务网。如图 5-3 所示。

1. 局域网

为了保证网络系统的高可靠和稳定性,数据中心节点建议采用两台核心交换机设备,通过 VRRP 协议互为主备。核心交换机设备通过 1 000 M 端口分别连接出口路由器,通过市域网连接作为与分支机构及其他联网部门的接口设备。市级数据中心网络服务器群组主要由小型机与服务器组成,具备双网卡配置的,通过 1 000 M 网口分别接入两台核心交换机,以减少中间环节,提高网

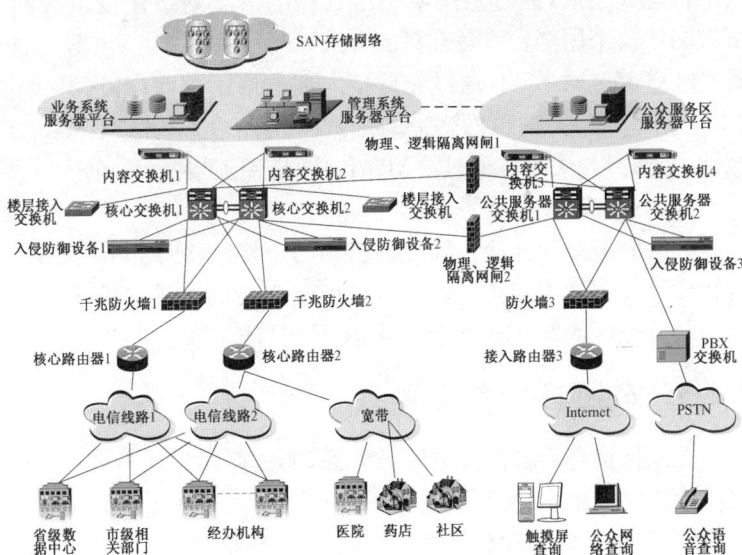

图 5-3 市域网网络拓扑图

络交换效率及系统稳定性。

局域网的连接主要采用双归属方式,每台高端汇聚交换机通过 1 000 M 线路分别接入核心交换机设备,全网段开通 VRRP 数据备份保护协议及 RSTP 协议,以支持网络设备发生单点故障或线路故障时,保证网络通讯能够正常运行;RSTP 协议可抑制网络风暴的发生。核心层设备应选择高端三层交换机,并在核心层实现冗余设计,设置备份设备,当主用设备出现故障时,立即切换到备用设备,确保网络核心层的高度可靠性。

2. 市域网

市级数据中心需要连接上级数据中心和各级经办机构,同时横向连接业务相关单位,以及街道、社区等基层单位。

市域网的核心节点为市级数据中心,各级经办机构的市域网应采用专网建设,或利用市级电子政务外网平台。在电子政务外网平台建成之前,通过租用电信运营商的信息网络建设市域网。市域网建议采用两台设备互备的方式,配备两台中端路由器,并配置 CPOS 155 M 模块,通过光纤接入到电信运营商;各区县采用 2 M~10 M 链路连接,网络带宽在 2 M 链路以上,并要保证可扩充性;与业务相关单位通过 2 M~10 M 链路连接。

3. 公共服务网

公共服务区与连接各级经办机构的市域网,使用隔离网闸实现物理隔离或逻辑隔离。通过两台中端交换机组成双机系统,连接公共服务区的服务器群,通过隔离网闸与核心交换机连接。

5.2.5 安全防护系统要求

在医保信息系统的安全防护方面,要按照国家信息安全等级保护管理的要求,完善部、省、市的数据中心和业务专网的安全防护体系,保证医疗保险信息系统的安全性,包括建立部、省、市业务主干网络的安全隔离机制,实现多级的安全访问控制;在各级数据中心,实现对应用系统所在网络和关键主机设备的实时监控及入侵检测,加强对重要网段和关键服务器的保护;利用人力资源和社会保障网络信任体系实现对医疗保险应用的安全认证,以及重要信息的传输加密保护和身份认证;建立医疗保险信息系统的病毒防范体系;实现对医疗保险信息系统的数据和主机设备的冗余备份和灾难恢复;完善安全管理机制和组织体系,确保系统安全措施的执行。

5.2.6 系统建设标准要求

医疗保险管理信息系统采用的信息分类编码、网络通信协议和数据接口等技术标准,严格执行国家有关标准或行业标准。对尚未制定国家标准和行业标准的医疗保险业务部分,执行由劳动和社会保障部制定的统一数据项标准和信息分类编码标准。主要包括医疗保险管理信息数据项、信息分类编码标准和有关技术标准。医疗保险管理信息系统与定点医疗机构、定点零售药店、银行、税务等信息系统进行数据交换时,执行部里制定的数据接口标准,包括数据项标准、数据格式、代码标准等。医疗保险管理信息系统与其他社会保险管理信息系统共用相同的单位和个人基本信息。各系统的专用信息必须遵循部里规定的编码规则。以社会保险各险种的基本业务流程为主线,建设社会保险信息管理中的共性部分;对于各地在管理上的差异,则通过参数配置、指标扩充等功能完成。在医疗保险管理信息系统中使用 IC 卡进行可行性论证,并遵循劳动和社会保障部下发的《社会保障卡建设总体规划》(劳社部函〔1999〕213 号)的要求。

5.3　医保信息系统如何融入金保工程

医疗保险信息系统作为金保工程的重要组成部分,从经办到决策、从本地到异地、从基层到中央,它的业务流程涉及金保工程建设的每个环节。现有独立的医保信息系统与金保工程的相互融合,有利于解决诸如异地就医即时结算、统筹地区间医保关系转移接续等关系参保人切身利益的现实问题,而这些问题也是要实现医保可持续发展必须面对的关键问题。

虽然金保工程的预期设想非常全面,但具体到地市一级的经办机构,实现医保信息系统与金保工程的融合还面临很多实际困难。从金保工程实施所涉及的医保信息系统网络建设情况来看,目前实现医保信息系统全省联网的只限于福建、广东、江苏等少数省份,这与各地现行医保政策以及医保信息系统建设的现状有很大关系。

当前各地医保信息系统建设分散且差异性较大。目前,我国大多数地区的医疗保险制度都以县级统筹为主,医疗保险的发展处于各自为战、相对独立的状态。医保信息系统建设起步较晚,各地系统分散建设,标准不统一,各地市之间乃至同一地市内各县区之间系统建设发展很不平衡,不同统筹地区间医保数据相对孤立,无法互联互通。而医保信息系统建设较其他险种而言更加复杂,涉及范围更广,信息量更为庞大,对系统性能要求也更高。这使得建立各市、省乃至全国的医疗保险统一数据结构、统一平台的难度大大增加。

同时,统筹层次过低也制约了医保信息系统融入金保工程的进程。现有独立的医保信息系统融入金保工程的前提和基础是要实现医保信息系统在地市范围内统筹的目标。然而,统筹层次较低这一现状决定了这一目标的实现还面临一些现实问题:一是同一地市范围内各县区间医保政策标准不统一,县区医保信息系统建设不均衡,已建立的信息系统之间数据编码规则及结构各异,使得县级医保信息系统数据向市级统一和集中难以实现;二是现行市、县分级管理的经办管理体制,使得市级在全市范围内统筹规划和建设信息系统遭遇重重阻力,统一全市信息系统建设的进程难以有效推进;三是大部分统筹地区医保信息系统与其他险种的信息系统都是各自独立建设的,数据库以及应用软、硬件系统各异,系统间的共享程度较差,"同人同城不同库"的问题长期存在,同一参保人员在不同险种数据库中的信息结构不一致,整合起来难度较大,这无疑也增加了医保信息系统融入金保工程的难度。

实现医保全市信息系统一体化建设是市级统筹的既定目标,也是金保工程提出的统一基础数据建设和统一网络设施建设的预期目标。由此可见,提高医保统筹层次对医保信息系统建设提出了迫切要求,也为实现医保信息系统融入金保工程提供了现实路径。实施市级统筹助推医保信息系统建设,重点把握以下三点:一是对于医保信息化建设起步较晚或者尚未起步的地市,由市级统一组织按照金保工程编码规范及库表结构,建立全市统一标准的中心数据库、数据网络,使用统一开发的应用软件和各项业务系统,尽量避免重复建设所带来的资金及人力、物力的浪费;二是对于医保信息化建设起步较早、信息系统建设已经步入正轨的地市,则要按照金保工程统一编码规范及要求,在全市范围内整合信息资源,尽量实现原有信息资源使用效率的最优化;三是在新的数据库建设过程中对数据结构的设计要慎重,要以医保多年历史数据能够顺利迁移到新的数据库中为基本原则。

保持医保信息系统运行模式的相对独立性在金保工程实施的过程中是非常重要的。医保是社会保险五个险种中覆盖面最广的,基本信息库应当以它为基础。在以市级为单位统一建设信息系统的过程中,应将与医疗保险紧密联系的工伤、生育保险纳入医疗保险运行模式中,以现有的医疗保险计算机信息网络为载体,扩大计算机信息网络容量,加快应用程序的升级改造,尽量保证前期投入硬件的再利用,以减少资源的浪费,合理降低升级成本。同时预留金保工程数据库接口,为全面实现金保工程奠定基础。

医保信息系统融入金保工程,也是为了向更高的统筹层次过渡做准备。实现了地市范围内医保信息系统与金保工程的融合,就意味着实现了医保信息系统在全市范围内统一规划、统一标准、网络共用与信息共享的目标。这一目标实现后,就可以考虑以省为单位对医疗保险管理网络进行技术上的研究和建设,对全省范围内松散和不规范的网络进行整合,使之成为一套完整通用的网络管理系统,从而为实现医保信息系统在全省乃至全国范围内的统筹奠定基础。

5.4　金保工程建设目前面临的问题

金保工程建设不仅是信息技术在政务领域的推广和应用,也不只是简单地将现有职能和业务流程电子化或网络化,而是要通过利用信息、网络技术和优化业务流程,提升服务手段,完善管理模式。金保工程在建设过程中还存在以下问题:

一、数据整合力度亟待加强

俗话讲,"三分技术、七分管理、十二分数据",金保工程的所有目标任务都是通过数据系统的处理与传递来展示和实现的,每个数据中心要设三个区:生产区、交换区、决策区。生产区主要是负责业务经办和公共服务,交换区实现信息共享和信息交换,决策区产生宏观决策数据,三个区只是一个逻辑上的划分,物理上仍在一个区域内。数据中心的最终目标是实现同人同城同库。但实际情况是,数据还仅限于服务业务流程,数据层与业务层为紧耦合模式,纵向上存在省级、地市级、区县级三种统筹层次;横向上人力资源、社会保障、新型农保、基层平台等系统分别建设,数据固化在各业务系统中,没有独立的数据服务,导致信息分割、业务分散,数据没有得到很好的集中和共享。同时,由于业务经办机构的相对独立,使得上下信息不准确、不对称,无论是业务瞄准机制还是工作效率都得不到保证,影响了金保工程的深层推进。数据的整合、筛选、科学利用依然是当前和今后信息化工作的重要内容。

二、基础建设有待进一步强化

金保工程既关系国计又关注民生,既涉及业务又关联技术,其基础性建设还存在如下问题:一是一些部门对信息化工作的重要性和紧迫性认识不足,现行管理体制还存在不适应不符合信息化工作要求的部分。信息中心目前还仅定位在技术服务层面,作用还限定在系统的日常管理维护中,尚不能参与到政策制定、业务经办和宏观决策的全过程。二是制度建设和规范标准制定工作滞后,信息交换和数据共享困难,存在重复投资、分散管理、各自为政的现象,信息系统安全体系尚不健全,有的还存在安全隐患。三是系统建设和运行经费不足,工程建设过程中存在着统一规划、统一建设与资金地方自筹,导致系统建设和运行维护资金严重不足,成为制约金保工程建设的最大障碍。四是信息化专业技术人才匮乏,尤其缺乏既精通计算机信息技术,又熟悉人力资源社会保障理论、业务与精算的高层次复合型人才。

三、结构性矛盾仍然存在

金保工程的实施为体制创新奠定了基础,技术的应用为做好工作创造了条件,但目前还存在一些结构性矛盾制约了金保工程的开展。

一是人员流动和数据共享之间存在矛盾。随着经济发展和社会变革,人力资源的区域性流动和结构性流动成为未来发展的趋势,就业人员有了更多选择就业机会的自由,市场经济的内在动力也促使劳动者在不同部门、不同行业和不同区域间自由流动。这就导致以个人为管理对象的信息系统的运行和设计变得更为复杂,也给跨地区信息共享带来更严峻的课题。

二是统筹层次和统一性之间存在矛盾。要实现金保工程全国联网,最主要的是要政策统一、流程统一、软件统一,只有制定了大家认可并通用的标准,全国联网才会成为一种可能。由于目前有些县市级统筹的层次还很低,基础数据还不能向上集中,同时信息系统的建设还比较分散、区域性政策突出,系统建设共同遵循的标准规范尚未出台,金保工程统一性的实践仍然任重道远。

三是业务和技术之间存在矛盾。金保工程对业务的推动作用主要体现在:使业务经办流程更加标准规范,岗位设置更加科学合理;改变了原来的分散粗放的管理方式,使业务管理更加集中精细,全面提高了工作效率和管理水平。但技术不是一切,金保工程帮助解决了工作中的技术难题,而建立完备的人力资源社会保障体系需要多方面的共同努力。技术是基础,业务是关键,提高信息技术的最终目标是要促进人力资源社会保障各项业务的科学、健康发展。

金保工程会涉及所有就业人员,如果包括农村人员,可以称得上世界上最庞大的系统。我国人口最多,金保工程涉及的范围也就最大,这是其他任何国家所无法比拟的。正因为系统庞大、管理人口众多,所以需要的管理单位和资金也更多。我国现行的社会保障制度在设计上存在一定的问题,从单位保障转到社会保障,历史遗留问题给我国的社会保障改革带来很大阻力,同时也给金保工程建设带来很多困难。

参保人员的参保机构虽然都是劳动和社会保障机构,但是可能会形成在省、市、县三级不同机构中同时参保的状况。即使在同一级劳动和社会保障机构参保也会因为养老保险、医疗保险、失业保险、工伤保险、生育保险各有单独部门、单独机构、单独网络提供服务而给参保人员带来不便。虽然每年各级社会保障机构收缴上大量的经费,但同时发生的支出也很大。大量的基金主要用于支付养老保险金、医疗保险金、失业保险金等,所剩结余很少,部分地区基金收支甚至出现倒挂,网络建设所需要软硬件的投资难以满足。这一因素决定了建设金保工程资金投入的先天不足和硬性制约。由于大型集中式连机处理模式尚未普及,各地都忙于自建系统为本级劳动和社会保障机构服务。在这种情况下,各地新建的本地数据库普遍存在着单一化、规模小、业务覆盖率低、数据库标准不规范和对公共网络的信息服务效益有限等问题。资源数据库建设的单一和落后直接造成了目前信息网络建设的代价高昂、淘汰周期短、系统整体水平低且跟不上形势发展需要的局面。

5.5 加快金保工程建设的对策和建议

金保工程建设是一项长期任务,覆盖面广、涵盖内容多、建设周期长,不是一项可抓可不抓的具体业务工作,而是一项事关人力资源社会保障基础性、根本性、长远性、突破性的大事。各级人力资源社会保障部门必须高度重视信息化建设,科学制定规划,合理配置资源,严格按照"统一规划、统一标准、统一指导,分步实施、分级负担、分级管理,网络互联、信息共享"的原则进行建设,努力实现数据向上集中,服务向下延伸,推动人力资源社会保障事业实现可持续发展。

一、高度重视并科学利用建设成果

金保工程的建设过程,是依靠信息技术引领支撑,不断优化业务流程,提升服务手段,完善管理模式的过程,要高度重视并科学利用系统建设成果。首先要提高认识。建设好金保工程,是人力资源社会保障部门转变职能、提高行政能力的客观需要,是解决人力资源社会保障深层次矛盾和问题的重要保障。要通过信息系统对各类经济、政治、社会信息进行广泛采集、及时传递、综合分析、深度加工,形成对各个不同发展阶段社会运行状态和突出矛盾的准确判断,提高管理措施的针对性和预见性。其次要领导重视。领导高度重视是金保工程成功建设的关键。信息化建设是"一把手"工程,是资金投入巨大的工程,是需要多方协调的系统工程,它涉及信息化管理部门、规划财务部门、业务经办部门的协调配合,还涉及观念、制度、管理及工作方式的变革。只有领导高度重视,各部门密切配合,才能保证信息化工作的顺利开展。再次要加强研究。要充分利用人力资源数据库、就业服务信息系统、社会保险数据库、社会保险精算模型等资源,发布就业服务信息,引导就业结构调整,开展人力资源、就失业数据动态监测,形成预警分析报告,研究各类因素对社保基金的影响,提供各项社会保险基金精算报告,为宏观决策提供技术支持。

二、确保金保工程科学管理规范运行

要加强信息化技术标准和管理规范建设,多渠道筹措项目建设资金,保障金保工程信息集成共享和管理科学高效。一是规范信息指标。系统信息指标的标准化,是人力资源社会保障信息化建设最重要、最基础的工作之一,标准化的信息指标不仅是金保工程建设的基础,对于规范人力资源社会保障各项业务工作也具有十分重要的现实意义。二是强化项目管理。要按照工程项目管理的要求,由熟悉信息系统建设、熟悉人力资源社会保障业务、熟悉工程管理的人员共同组成项目管理机构,运用科学的管理方法,加强项目进度、质量、资金的管理和控制,确保工程各建设阶段按步骤、有计划、高效率、高质量地进行。三是提高资金利用率。充分利用人力资源社会保障的规模优势,争取财政、金融等部门的支持,多方筹集资金,科学合理使用,对于中央和地方在金保工程建设上投入的资金,要切实管好用好。整合利用已有的软硬件、网络技术资源,防止重复建设,严格执行政府采购和招投标制度,建立项目管理责任制和投资效益评审考核机制,努力使有限的资金发挥最大的效益。

三、切实做好信息系统一体化工作

人力资源社会保障工作要从"管理型"向"服务型"转变,势必要求信息化系统从以业务为核心向以人为本转变;从以城镇职工为主,向统筹城乡、全面发展转变;从以支持管理经办为主,向经办、服务、监管、决策支持等全部功能转变。要根据建设统一的人力资源市场和建立覆盖城乡居民的社会保障体系要求,搭建统一的技术支撑平台,实现人力资源管理与社会保障两大核心领域信息系统的有机衔接。利用完整统一的数据模型,通过整合人力资源、社会保障、新农保等业务数据,完善人力资源社会保障数据库的整体规划,建立人员基础信息数据库,实现各业务系统的相互关联。要运用先进的技术手段对数据加工处理,建立各类数据间的相互关联,实现对数据的分析、筛选和再利用,最终实现人力资源社会保障信息系统一体化。

四、建立全方位多层次的公共服务体系

要着力构建面向全方位多层次的一站式集成服务平台,解决公共服务信息共享、业务协同等问题。一要积极发行社会保障卡。"健全覆盖城乡居民的社会保障体系,加强社会保障信息网络建设,推进社会保障卡应用,实现精确管理"被写入国家"十二五"规划建议当中,社会保障卡工作已列入国家战略层面,要加快社会保障卡发放进度,部署应用终端,完善用卡环境,在做好城镇参保人员发卡基础上推进农村参保居民发卡工作。二要建设统一的网上服务平台,积极推进基于互联网技术的自助式网上业务办理,逐步扩大应用范围,使网上职介、网上缴费申报、网上审批受理、网上投诉举报成为业务办理的一种重要形式。三要以服务向下延伸为重点加强基层服务平台建设,按照以人为本的要求,规范和优化管理

服务流程,在街道社区和农村乡镇普遍建立综合性的人力资源社会保障信息窗口,将尽可能多的服务功能通过网络延伸到基层,为职工群众提供就近服务。

五、要形成支持跨地区协作的业务支撑体系

随着市场经济的快速发展和人员流动的日益频繁,跨地区业务办理的需求愈发迫切,既需要地区间的密切协作,又需要政策、经办、技术、标准等因素的有效联动。要在继续为既有本地化业务提供信息化支持的前提下,根据今后一个时期人力资源社会保障事业发展的总体规划和部署,更加注重为新开展的跨地区业务工作提供技术保障。要建设统一的跨地区信息交换与结算平台,将社保关系转移、异地居住退休人员管理服务、异地就医联网结算、养老保险参保缴费集中查询服务、异地就业信息服务等跨地区业务纳入统一的支撑平台。全面加强与人口、统计、民政、银行、电信运营商、医疗服务机构等其他政府部门和社会服务机构的信息共享,实现业务流、信息流、资金流的联动,提高经办服务效率。

六、加强业务与信息化的良性互动

金保工程建设涉及人力资源社会保障多项业务,需要上下连通,部门联动。要加强各业务领域信息化工作的有机融合,业务部门要积极研究信息技术,了解信息化为业务发展提供的新技术和新手段,在制定政策措施时予以充分运用,推动业务重组和流程优化。信息技术部门要深入钻研业务,了解业务的发展趋势,帮助业务部门利用好信息化成果,使信息技术能够更好地起到满足业务需求、促进业务发展的作用。对金保工程建设所需要的专业技术人才,坚持引进和培养并重的原则,努力提升业务能力、信息技术运用能力、项目实施管理能力、组织协调能力,建设一支有高度责任感、精通业务、技术过硬的信息化工作队伍,使之担当起金保工程建设、维护和服务的重任。

按照金保工程的统一规划和指导思想,结合各地区的实际情况,在示范城市成功上线运作的基础上,切实发挥示范城市的带头

和示范作用,以点带面,全面推动金保工程建设。在推动各地金保工程建设过程中,省级劳动保障部门要派出专家组到各地进行指导,按照"完整、正确、统一、及时、安全"的总要求,坚持统一建设、应用为先、体制创新的基本原则,努力促进信息技术与劳动保障业务的有机结合,提升劳动保障信息化水平,确保"五险合征"顺利过渡,建立统一的信息系统,为实现全国—省—市三级网络奠定良好的基础。

管理信息系统由专家组、软件公司、社保经办机构合作开发,有利于保证需求的合理性、数据的稳定性和安全性、程序设计的先进性,有利于借鉴各地区的成功经验,为实现金保二期工程全国联网的目标提供条件。建立有效管理运行机制,全面提升劳动保障管理服务能力。建立专门的、统一的信息化综合管理机构,是金保工程建设的组织保障。应将分散在各部门的技术力量进行有效整合,对信息化建设进行统一管理和组织实施,从而保证信息化建设的完整和统一。建立统一信息库,做好数据的整合和转换工作。将原来分散的五险数据整合,建立统一的个人基本信息库、单位基本信息库和机构基本信息库,将分散的五险业务系统的单位缴费记录、个人缴费记录、参保人员个人账户信息等数据从老的业务系统转换到新的金保业务系统,这是一个难度较大的工程,在数据整合和转换工作之前要做大量的数据整理准备工作。

针对原五险业务系统基本信息不一致的问题,必须由五险业务经办机构密切配合与协调,并得到参保单位的大力支持和配合。首先,要对基本项目不全、记录不实的不规范数据抓紧补齐记实,同时要剔除冗余数据,更正错误数据,清理垃圾数据,确保各项数据的真实准确。其次,分步骤地对单位基本信息库、个人基本信息库和机构基本信息库进行整合,整合后反复进行逻辑校验,一旦发现问题便不断修改完善、重新整合,最终保证数据整合的成功。

针对金保工程建设涉及人员范围庞大的问题,解决它的关键在于逐步推进,逐个发展。先在一些城市进行试点,在积累了一定的经验之后,再在全国范围内进行大面积推广。目前我国在广东等省市已经建立了较为完善的信息体系,这对全国金保工程建设具有很好的借鉴意义。

针对历史积留问题,关键在于要在统揽全局的基础上,建立上下统一的服务系统。根据参保情况为参保人员建立一个唯一的社会保险账号并输入相关的个人社会保险情况,这样参保人员就可以方便快捷地通过网络办理相关的社会保障业务。

针对老系统与新系统的数据结构不一致的问题,必须选用先进适用的数据转换工具,选择经验丰富的软件公司设计出科学高效的转换程序。要准确理解交换区各项应用中各项数据指标的含义,弄清生产区与交换区数据指标间的对应关系,避免因数据转换而产生新的错误,确保单位缴费记录、个人缴费记录、参保人员个人账户信息等数据完整无缺、准确无误,保证每一笔数据的来源清晰。在数据整合和转换工作之后要做大量的数据核对工作,对单位总的应缴费、实缴费、总欠费情况,单位缴费台账明细与参保人员明细,对个人的缴费历史、缴费明细、参保状态,对已退休、已退保、已转出的账户是否处于封存状态等情况作详尽的核查,发现问题及时采取措施,作整体修正,避免新系统上线后出现因转换数据问题造成的工作差错和大量的数据调整工作。

金保工程涉及面广,离开其他部门和单位的支持与配合是难以实现的。在具体工作中,应当发挥协调与沟通的作用,最大限度地争取各方面的支持。在信息化建设过程中,信息化管理部门、规划财务部门、业务管理部门、经办机构要分工合作,紧密协作,共同推进。特别是五险的经办机构更要相互配合、协调运作,在开发需求上达成共识。针对目前分散的经办机构不适于五险合征经办模式的问题,必须按照业务工作的实际需要和信息化管理的特点,通过机构、岗位、职能的调整和业务流程的重组优化,建立更加有效的管理运行机制,全面提升劳动保障管理服务能力。

金保工程"五险合征"业务系统上线后,原来的由一个业务员对整个流程从头管到尾的专管制,已经不能满足参保单位和参保人员不断增加的需要,而柜员制经办模式将业务流程、职责分工细化,可有效提高工作效率,加强控制和管理,有效优化业务处理模式,建立规范的业务管理体系和完善的社会服务体系。

针对资金不足的问题应坚持"先进设计、合理规划、分期投资、逐步到位"的指导原则。在资金筹集方面,劳动保障部门应向当地政府汇报,加强与计划、财政等部门的协调,争取能够立项并纳入财政预算。充分利用社会保险资金的规模优势,争取银行等部门的支持。多方筹集建设资金,合理使用,尽可能地整合和利用已有的硬件、网络、技术资源,防止重复建设。在资金使用方面,对于中央和地方在金保工程建设上所投入的资金,各级劳动保障部门一定要切实管好、用好,特别要严格执行政府采购和招/投标制度、建立项目管理责任制并一并建立投资效益评审考核机制,努力使有限的投资发挥最好的效益。

统一是建设金保工程的灵魂,必须坚持统一领导、统一规划、统一标准。金保工程建设涉及各级劳动保障部门和各项劳动保障业务,涉及方方面面的相互衔接和交叉。为了集中劳动保障部门全系统的力量,建成全国劳动保障系统统一的信息化平台,必须加强统一领导。为了使各级劳动保障部门和各个业务系统在金保工程建设上真正形成合力,防止出现各自为政、分散建设、重复建设等问题就必须加强统一规划,自上而下建立统一的劳动保障信息系统,必须使用统一的数据标准和技术标准。

理想的社会保障管理信息系统应是一个多维立体的信息集成系统,是一个具有远程信息功能的高速网络平台。金保工程的建设对我国社会保障更好地发挥社会发展的安全网和社会矛盾的缓冲器作用,具有重要的意义。

第6章　医保信息系统通用业务需求分析

医疗保险管理信息系统是遵照国家医疗保险政策,按照医疗保险业务管理机构的具体要求,采用先进的计算机技术和网络技术,进行参保单位和参保人员基本信息管理、基金征缴及分配管理、门诊个人账户支付管理、报销统筹基金支付管理、住院参保人员网上在线结算等一系列为参保人员提供基本医疗保险管理服务的计算机信息系统。涉及医保管理机构、定点医疗服务机构、参保单位、外地医疗服务机构、参保人员等几个方面的业务管理内容。包括业务管理和宏观决策两部分,服务对象包括参保单位和参保个人,同时为社会保险经办机构及各级政府机构决策提供支持,为参保人员和社会公众提供查询服务。

本章主要是对医保信息系统所应包含的通用业务需求进行分析,包括业务功能需求、信息构成需求、网络需求和系统安全需求等。

6.1　业务功能需求分析

虽然《城镇职工基本医疗保险管理信息系统建设指导意见》中要求"统一规划、统一标准、城市建网、网络互联",但在社会保障信息系统建设的现阶段,来自医疗保障单位尤其是基层医疗保险单位的实际调研显示,对医疗保险管理信息系统的业务需求必须满足以下三个条件:

　　首先,业务需求上要求少而精,而不是大而全。基层医疗保险单位需要解决现实问题,满足单位目前的业务管理工作需要,这种需求是紧迫的,也是单位能够投入的。对于一些暂时不需要的功能,基层单位并不愿意投入。与此同时,过于复杂的操作系统,也会令基层医疗保险单位望之却步。

　　其次,需要解决单位的个性需求与通用性之间的矛盾。由于每个基层医疗保险单位都处于特定的社会发展环境中,各地不同的发展历程和经济发展水平造成管理方式的千差万别,政策的个性化自然会影响到软件,使其也有了各自的个性化需求。

　　最后,"核心系统"开发建设成本应该尽可能地降低。核心系统的开发建设成本往往很高,基层医疗保险单位无力承担,而通用软件又无法满足医保信息系统的需求,造成了"核心平台"信息系统的高成本与通用软件的不适用之间的两难选择。

　　上述对我国医疗保险管理工作发展的分析表明,尽管现阶段国家社会保障主管部门致力于一个统一的社会保障信息化处理平台的建设,但由于各地医疗保险管理政策、管理水平、技术水平不一致,国家财政对医疗保险信息化建设的投入不足,新的核心平台也因为政策的、资金的、管理的种种客观及非客观的因素迟迟不能投入使用,因而各级医疗保险机构为了不影响工作的正常进行,不得不独立进行医疗保险管理信息系统的建设和现有医疗保险管理信息系统的改建工作。

　　在具体的业务功能设置上,一个运行完整的医疗保险信息系统应该包括参保与征缴管理、医疗保险待遇管理、定点医疗机构管理与支付、社会保障卡管理、公众信息查询以及平台管理。下面分别就这些方面进行详细的阐述。

6.1.1　参保及征缴管理

　　医保信息系统的参保与征缴管理业务,通常应该包括以下内容:

1. 单位信息管理：单位参保登记、单位合并、单位分立、单位变更、单位撤销等信息管理。

2. 个人信息管理：个人参保登记、中断、续保、异地转入、异地转出、本地转移、转为职工，医疗保险内部不同性质险种之间转保衔接。

3. 基金征收管理：个人缴费由经办机构或银行征收，需要和相关机构完成数据审核、汇总、合并、分解、导出、导入、数据交换等。

4. 基金收入管理：包括各类人员基金代征收入处理、财政专户基金收入、各种基金定活期存款的管理，定期与地税、财政、银行及医疗机构对账，并对实际到账金额予以认定与登记；对各环节费用收支记录予以核对和检查，汇总登记基金账簿；审核、登记、管理各种结算凭证。

5. 个人账户结算：个人账户中支付门诊、急诊医疗费用、在定点药店购药费用、统筹基金起付标准以下的医疗费用、起付标准以上应由个人按比例支付的医疗费用。

6. 基金统计分析：对社保基金按险种、参保人群、年度进行收支统计分析，形成收支会计统计报表，提示基金收支风险预警机制。

6.1.2 医疗保险待遇管理

医疗保险待遇管理主要是根据缴费单位或参保人员（或家属）提供的相关证件、资料，为其办理就医登记。其主要工作包括：

1. 依据有关规定，对相应登记的医疗待遇资格进行审核。

2. 根据定点医疗机构提供的参保人员就诊记录和有关信息，依据有关规定，对医疗费用情况进行审核支付。

3. 对医疗待遇包括职工基本医疗保险、居民基本医疗保险、大病互助、公务员补助、特殊人群医疗保险（离休干部、军转干部、伤残军人等）、医疗救助、儿童统筹等险种目前所覆盖人群的待遇审核与支付。

4. 根据待遇审核环节审定的社会保险经办机构应支付的医疗费,按总额预付、服务项目付费、服务单元付费、人头付费、人次费用总控、病种付费、预留金管理等多种结算方式相结合,按规定办理支付手续,通过银行将应支付的医疗保险金支付给定点医疗机构。

5. 提供对医疗保险药品目录、诊疗项目、医疗服务设施范围和支付标准等管理;医疗保险转科、转院、异地就医结算等管理。

6. 对基金各项支付费用按不同指标进行动态分析统计,如分险种统计、分病种统计、分人员性质统计、人均费用、床位费用、号次费用、参保单位收支结算。

6.1.3　定点医疗机构管理与支付

医保信息系统的定点医疗机构管理与支付管理,主要包括:

1. 特殊病门诊费录入、门诊收退费、住院登记、住院缴款、住院费用录入、中途结算、出院结算、住院退费、跨年度出院办理、跨年度入院办理、医保对账、统计查询、医院信息维护(医生、床位、疾病目录)、药品维护、医疗费用维护。

2. 门诊和住院费用查询、结算报表等;以及统筹结报审核、确认结报、药品目录、诊疗项目维护等。

3. 对协议定点机构信息维护,管理协议定点机构诚信等级、登记协议定点机构违规及处理、管理协议定点机构质量保证金。

如果医疗定点机构在办理城镇职工参保人员和城镇居民参保人员业务时,使用同一个终端进行处理,在操作上没有重大变更,则不需要定点机构增加新的设备。

6.1.4　社会保障卡管理

社会保障卡作为劳动保障个人信息系统的有机载体,与医疗保险一体化建设密切相连,能够实现对社会人"同人、同城、同库"

的管理和对医疗保险业务的有效查询。结合社会保障卡的支付功能,医保信息系统能够实现医保费用的个人支付。目前职工参保根据各地的具体情况可以使用社会保障卡或医保卡进行管理,需要对各种卡的使用及发放进行管理。根据未来规划,各省份均会发放统一的社会保障卡,因此,必须保留社会保险卡的流程,并提供功能,对居民具体使用的身份识别介质进行识别和转换。

6.1.5 公众信息查询

公众信息查询是指对社会公众公布定点机构情况、药品目录情况、个人账户及消费情况查询、社会保障卡挂失、补办处理等针对公众的信息提供查询和业务办理。

6.1.6 平台管理

平台管理是通过后台对各数据的管理和统计,为医保信息系统提供高效、安全、稳定的一体化应用服务。主要内容包括:

1. 政策参数设定:管理和维护征缴政策参数、待遇支付参数、参保对象的属性(单位性质、经济类型、隶属关系、主管部门、人员性别、用工性质等)、社保机构属性(部门、银行账号、辖区等)、委托机构和有关医疗保险的参数等。

2. 公共模块管理:管理和维护程序公共计算模块,保证相关政策发生变化,随机变动相关计算模块,确保随政策变化,其他各子系统不作或少做改动。

3. 分级权限管理:对领导、部门、部门内部科室、工作人员权限进行分级管理。

4. 前台日志管理:对前台人员操作数据进行详细记录,记录到业务部门、操作员、系统窗口、功能模块、业务记录 ID、相应 SQL 语句,提供操作回退功能。

5. 后台日志管理:对后台数据库维护、改动信息进行详细记录,要求记录到操作员用户名、操作时间、数据记录 ID 号、操作

SQL 语句,能提供查询、分析、汇总报表,提供数据操作回退功能。

6. 数据事务管理:数据库内表、字段、长度、用途、功能,利用程序窗口生成,并能查询、修改数据库内表、字段含义、用途及与此联系的功能模块明细。

7. 数据接口管理:针对相关部门对劳动保障系统取数需要,以及劳动保障系统对外取数需要,开发通用外部接口管理系统,除了通过接口管理系统实现与地税、财政、银行、审计、公安、工商等数据实时交换外,还应提供向部、省社保相应部门数据指标上报取数要求。

6.2　信息构成需求分析

医疗保险业务软件系统设计应符合相关标准规范,系统的信息构成主要包括政策类信息、基础类信息、业务类信息、基金类信息和统计类信息,具体构成见图 6-1。

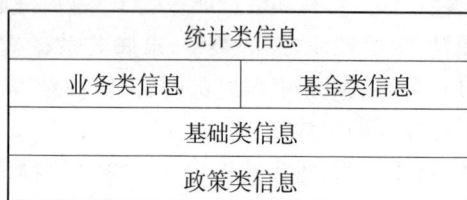

统计类信息	
业务类信息	基金类信息
基础类信息	
政策类信息	

图 6-1　医保信息系统的信息构成示意图

6.2.1　政策信息

政策信息是指各地区遵照国家有关劳动和社会保险的政策原则,根据各地区的具体情况而制定的具体劳动和社会保险政策及其实施办法的有关参数和计算方法。

对于医疗保险而言,这些具体政策和办法包括保险费收缴、待遇审核、基金管理、参保人员待遇审核和支付、与定点医疗服务机

构结算等。这些政策信息是系统赖以运行的基础,主要包括:

1. 缴费类政策信息

缴费类政策信息主要包含和缴费相关的具体政策,如缴费基数、个人缴费比例、单位缴费比例、医疗保险个人账户划入比例等等。

2. 待遇类政策信息

待遇类政策信息是指和报销待遇政策相关的信息,如基本医疗药品目录、基本医疗治疗目录、基本医疗服务设施目录、病种目录(包括特殊病种)、特治特检目录、医疗保险起付线、医疗保险最高支付限额、大病医疗待遇信息等等。

3. 支付与结算类政策信息

支付与结算类政策信息是指与医疗机构的支付与结算相关的信息,如定点医疗机构医疗费用结算办法和结算方式、医疗保险统筹基金支付范围及支付比例等等。

6.2.2 基础类信息

基础类信息指在业务管理中那些相对稳定、不经常变化的信息。基础类信息又可分为公共基础信息和各业务特有的基础信息。

1. 公共基础信息

为了实现医疗保险一体化管理,公共基础信息包括两大业务(职工医保与居民医保)的共有信息,它构成了整个医疗保险信息系统统一信息基础,是实现医保业务一体化的基础。

2. 职工医疗保险特有的基本信息

这部分信息主要是指职工及单位的基础信息。

3. 居民医保特有的基本信息

居民医保特有的基本信息包括居民及家庭户籍相关基础信息、学生与学校的相关基础信息等。

6.2.3 业务类信息

业务类信息指在业务处理的过程中产生的信息。

业务类信息主要包括:各单位应缴费金额、个人账户(个人缴费记录)记账信息、参保时间信息、参保变更信息、各险种待遇审核信息、待遇支付记录信息等等。

6.2.4 基金类信息

这类信息主要指与"钱"相关的信息,对医疗保险而言主要是基金的相关信息。

医疗保险基金类信息按照国家医疗保险基金管理财会条例进行分类,同时,各险种基金单独列账进行收支两条线管理。这类信息包括:各险种保险费应收信息、实际收信息;各险种基金支出、结余信息;各险种收入日记账、支出日记账信息等等。

6.2.5 统计类信息

统计类信息主要由各种统计指标体系构成,用于对医疗保险政策执行的状况、业务状况进行统计分析,为辅助决策支持提供信息。

这类信息主要包括:保险费征收情况、保险金支出情况、人员分布情况、工资收入情况、医疗资源利用情况、医疗消费情况、参保人医疗负担情况等。

6.3 网络需求分析

劳动保障信息系统的网络是以国家电子政务网络平台或公共通信网络平台为基础,以各级劳动保障部门局域网为主体,以网络应用为核心,多种通信方式并存,跨平台、支持分布式处理的计算机广域网络系统。

其网络功能可以划分为办公网、业务专网、公众服务网,其系统功能构成见图6-2。

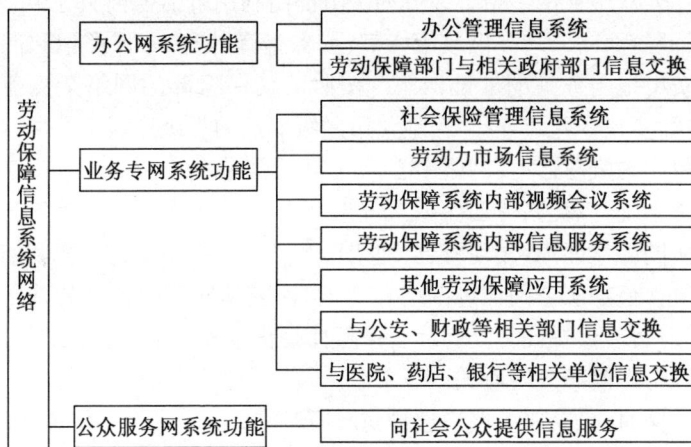

图6-2 劳动保障信息系统网络功能构成图

1. 办公网

办公网是各级劳动保障部门建立的支撑公文流转、部门内部办公的核心网络。劳动保障厅的办公网除为厅级机关办公服务外,也与省级电子政务网络连接,用来实现政府部门间的信息交换和共享。该网按照国家电子政务网络的相关安全标准进行建设和管理。

2. 业务专网

业务专网支撑着全省劳动保障业务信息系统运行,它是依托政务网络统一平台,以省级劳动保障部门网络中心为中心节点,州市级城市劳动保障部门网络中心为基础节点,延伸到区县、乡镇、街道(社区),覆盖全省各级劳动保障部门、经办机构或业务代办点的省、市星型结构的内部业务专网。业务专网传递数据、语音和视频信息;与政府相关部门(公安、财政、税务等)和其他相关单位(医院、药店、银行、邮局等)连接,实现相关信息的交换和共享。

3. 公众服务网

公众服务网是指各级劳动保障部门利用电话咨询服务中心和因特网，面向公众提供政策咨询、业务查询、网上参保登记和网上缴费申报服务等的外部网络。按照劳动保障部的网络全覆盖要求，需要建立建成连接省、地州市两级节点的省级广域主干网以及市域网，并连接中央网络中心，形成安全可靠的中央—省—市三级网络系统，以提高劳动保障系统内部的信息共享程度和业务管理的协同工作能力，实现跨省、地州市劳动保障部门信息交换和信息共享。公众服务网通过网络向街道、社区延伸和向社会公共网提供接口，能够提高劳动和社会保障社会化服务水平，实现社会公众对社会保险事务的有关服务要求。

同时，公众服务网也通过与政府专网、银行、税务、医院等相关部门的网络对接，使跨部门间的数据信息迅速、准确、安全可靠地交换，实现与相关部门的横向信息交换的要求。省州市劳动保障部门的办公网和业务专网之间必须进行逻辑隔离，业务网络通过信息摆渡等技术实现与因特网的隔离并提供公众服务。

6.4 系统核心业务的需求说明

医疗保险管理信息系统涉及业务面非常广，其核心业务就是根据医疗保险管理政策，对每一个参保人提供医疗保障服务。主要完成的任务有参保管理、保险基金征缴管理、诊疗服务管理、医疗费用报销兑付管理、退保管理。因此，需求说明即是依据系统的观点，采用自顶向下、逐层分解的策略，启发医疗保险业务管理人员理清以参保人为服务对象的整个系统的功能需求说明。该说明描述了关于基金征缴、诊疗服务、费用保险和参保、退保等具体业务内容和相互之间的关系，从而帮助系统需求分析设计人员更准确地理解客户需求并规范、严谨、清晰地描述出客户的需求。

6.4.1 参保管理业务需求

参保管理主要业务包括：单位新参保、单位基本信息维护、单位注销等管理、参保单位变更（单位合并、单位分立、单位破产、单位人员批量转出、单位破产预缴处理）、封锁解锁处理以及职工批量新参保等业务。参保单位管理具体业务需求如下：

1. 单位合并业务：两个或两个以上参保单位合并成为一个参保单位时办理"单位合并"，将单位所有人员及保险费欠收账并入合并后参保单位，注销被合并参保单位。

2. 单位分立业务：一个参保单位分解为两个或两个以上参保单位，原单位全部或部分参保人员（含退休人员）分入新单位时办理。"单位分立"将单位参保人员及保险费欠收账全部或部分分入分立产生的新参保单位，分解为两个以上参保单位时分步办理，根据需要注销被分立单位。

3. 单位破产业务：参保单位因破产办理"单位破产"业务。"单位破产"时，单位所有在职人员停保、退休人员转到其他单位或仍在原单位享受待遇，单位无法清偿的保险费欠款挂账或核销，同时注销原参保单位。

4. 单位整体转出局外业务：参保单位整体转至异地社保经办机构管理时办理"单位整体转出局外"，单位所有在职人员转出、退休人员转移到其他单位或仍在原单位享受待遇，单位无法清偿的保险费欠款核销，注销原参保单位。

5. 单位参保信息变更业务：参保单位基本信息发生改变或修正错误时办理"单位参保信息变更"，修改参保单位基本信息、参保信息。

6. 单位封锁解锁处理业务：对单位的医疗保险进行封锁解锁，封锁后该单位的所有职工的个人账户都将被停用。

7. 单位人员批量转出业务：单位变更时人员进行单位转移需要办理"单位人员批量转出业务"。

8. 单位破产预缴处理业务：单位破产时，根据政策对单位中距离退休年龄 10 年的人员进行破产预缴，需要办理"单位破产预缴处理业务"。

6.4.2 保险基金征缴管理业务需求

基金征缴是医疗保险资金筹集的主要方式，医保中心根据单位信息、个人基本信息及参保信息、缴费基数信息、缴费比例信息、补收退收信息等核定出参保单位本期应缴额并打印征缴通知单，发放给参保单位。参保单位根据征集通知单，以现金、支票、汇票等方式，缴纳相关保险金。如果到账金额与应收金额相符（即满足划账户条件，也就是足额缴费。如果个人和单位到账，财政可以不到账，视为到账），则可以进行划账户和基金配置，否则由财务部门记账或退回并催缴，直到到账金额符合划账户条件时再做处理。具体业务需求描述如下：

1. 应收核定业务：根据参保人员信息、缴费基数信息、缴费比例信息、补收退收信息，形成参保单位当期的应收信息，包括全额事业个人应缴部分、差额事业和企业个人应缴部分、单位应缴部分、大额医疗救助应缴部分和特殊人群应缴部分，并打印征集通知单发放给参保单位。

2. 基金征缴业务：参保对象收到征缴通知后，应在指定时间内到相关部门缴纳应缴保金。参保对象如果未在指定时间内上缴保金，则经过审核部门审核后，还应该补交部分滞纳金。基金会计审核和财务管理部门收到参保对象的保金后，参照基金征集通知内容，进行到账确认。如果全额到账、全额事业、差额事业个人部分和单位部分全部到账（其中财政到账可以由财政部门缴纳）则提交到账信息，进行基金配置和账户划配。

3. 个人补退处理业务：参保人员应补收某一时间段内保险费（尚未核定）或参保人员不缴纳某一时间段内保险费，但已经核定计入单位应收核定时，根据需要选择办理"个人补退处理"，核定应补退的保险费。

4. 欠款补缴业务:核定参保人员某一时间段内保险费欠缴(已核定计入单位应收)时办理"欠款补缴",核定应补缴的保险费欠款金额。

5. 转入基金录入业务:对于统筹范围外调入人员的账户基金数目进行账户录入。

6. 转入基金复核业务:对于统筹范围外调入人员的账户基金数目进行查对。

7. 转入基金分配业务:对转入基金根据缴费月数进行分配。

8. 转出基金处理业务:对转出统筹范围外的人员转出的基金信息进行打印。

9. 参保人员基本信息维护业务:参保人员基本信息发生改变或修正错误时办理"参保人员基本信息维护",修改参保人员基本信息。

10. 个人缴费基数核定业务:新增人员录入缴费工资或参保人员缴费工资发生变化时办理"参保人员缴费基数核定",按录入的缴费工资核定参保人员缴费基数。

11. 取消个人变更业务:对进行过人员变更处理的人员取消操作。

12. 个人封锁解锁业务:对个人账户进行封锁、解锁处理。

13. 参保人员基金管理业务:包括个人补退处理、欠款补缴、个人欠款核销、转入基金录入、转入基金复核、转入基金分配、转出基金处理。

6.4.3 诊疗服务管理业务需求

诊疗服务是医疗保险管理部门对参保人员提供的核心服务之一,参保人就医诊疗主要分为门诊治疗、药店购药和住院治疗三种方式,根据医疗保险政策规定,门诊治疗和药店购药由个人账户负担,账户不足由个人支付,遇有大病需要住院治疗时,应告知单位,并持单位介绍信及住院申请单到医疗保险主管部门申请,得到批准后,方能入院治疗,否则费用自负。病情处于紧急情况下,可以先入院,后补办相关手续。参保人就医结束后,对于满足待遇享受条件的参保个人,根据相关政策,进行费用审核和报销金额发放,报销支付将按照四种方式进行发放:委托银行代发、参保单位代发、业务部门直接发放、社会化发放。

根据医疗保险管理政策,普通门诊费用从个人账户支付,不足部分个人负担,不再报销。对这部分的门诊费用,要求系统提供网上结算功能,参保人持自己的医疗保险卡,到定点医院或者药店进行刷卡费用结算。门诊慢性病费用首先从个人账户支付,个人账户不足时,进入起付自负,然后按一定比例进入统筹报销,要求系统提供门诊慢性病费用刷卡结算功能。

对于住院费用报销结算部分,分为手工报销结算和联网网上在线结算两种方式,报销费用按报销政策规定进行报销计算。具体报销政策为:医疗费用先由个人负担一定的起付自负金额,超过起付部分进入分段报销;如果医疗费用超过基本医疗保险支付限额,则进入大病统筹,由商业保险负责报销。用户只有经过认证之后才能使用本系统提供的功能,系统对用户的每一个操作请求进行授权,授权成功则处理用户的请求,授权失败则提示用户权限不足,不处理用户的请求。统一认证与授权部分实现需尽可能与业务分离,借助优秀的安全框架和独立配置,与业务部分解耦合,以提高整个系统的可扩展性和可管理性。

6.4.4 系统管理业务需求

系统管理的主要功能为对医疗保险的部门信息、人员信息、权限信息、系统参数信息进行统一的维护,主要包括以下内容:

1. 部门信息维护:提供部门信息维护界面,实现对部门信息的增删查改操作。

2. 权限管理:指提供权限信息维护界面,实现对生产管理应用系统的使用权限的增删查改操作。

3. 人员信息维护:提供医保业务人员信息维护界面,对医保业务人员信息及医保业务人员相关权限分配信息进行增删查改操作。人员信息维护界面应考虑采用灵活、多级树层次方式。权限的授予与调整方式提供粗粒度与细粒度结合的方式,既可分配一组权限,也可授予一条权限来灵活地进行权限授予与调整。

4. 参数信息维护:提供参数信息维护界面,实现对医保参数的增删查改。

5. 参数表维护:提供参数信息表维护界面,实现参数信息表的增删查改操作。

6.4.5 数据统计和分析业务需求

数据统计和分析系统的功能分为人员类别信息、基金渠道获取医疗费用信息、账户支出信息、统筹基金支付信息等,并对这些运营数据进行统计分析,以报表的形式展示,为领导和上级主管部门提供决策依据。

6.5 系统安全需求分析

医疗保险信息系统是以开放的层次化的网络系统作为支撑平台,为使各种信息安全技术功能合理地作用在网络系统的各个层次上,在统一的劳动保障网络上运行,与其他劳动保障业务共用同一个网络安全平台,从技术和管理上保证安全策略得以完整准确地实现,安全需求得以满足。任何一个用户的登录和退出时间在数据库中都有明确记录。系统应防止同一用户名同时被登录多次。通过权限控制来防止外部非法操作。用户通过不同的用户名和密码登录系统,根据分配给用户的不同权限,用户可以进入不同的子系统和不同的功能模块。

6.5.1 物理安全需求分析

物理安全是医疗保险信息系统安全运行的前提,是安全系统的重要组成部分。物理安全涉及环境安全、设备安全、媒体安全三个部分,它们分别针对信息系统所在环境、所用设备、所载媒体进行安全保护。

1. 环境安全需求

(1) 机房的安全等级应符合 GB9361-88 的 A 类。

(2) 机房内部要按不同的安全要求和功能划分区域,如业务系统数据处理区、数据操作录入区、网络管理区、办公应用区、社会保障 IC 卡制卡区等。

(3) 根据工作需要确定用户能够进入相应的区域,在不同的区域,实行不同的控制措施。

(4) 要有严格的规章制度和技术手段(如密码锁、监视器等),限制人员进入非授权区域。

2. 设备安全需求

(1) 重要设备必须设置安全防盗报警装置和监视系统,防止设备被盗、被毁。

(2) 重要设备,如服务器、核心交换机等,要有冗余热备份,并能快速在线恢复。

(3) 存放重要设备的机房发生电源故障后,要能提供 1 个小时以上的后备电力供应。

(4) 重要设备要存放在能防止雷击等自然灾害破坏的机房中。

(5) 存放重要设备的机房要具有防电磁干扰、防计算机辐射泄漏的设施。

3. 媒体安全需求

(1) 保存重要数据的介质要有异地备份。

(2) 存放重要备份数据的介质要保存在符合 GBJ45-82 中规

定的一级耐火等级的房间,或存放在具备防火、防高温、防水、防震等性能的容器中。

(3) 定期对备份介质进行检查,保证其可用性等。

(4) 介质库必须有专人管理,严格控制人员的进出。

6.5.2　网络安全需求分析

网络面临的安全问题大体可分为两种:网络数据的威胁和网络设备的威胁。这些威胁可能是有意的,也可能是无意的;可能是源于外部的,也可能是源于内部的;可能是人为的,也可能是自然因素造成的。网络安全是安全运行的基础,是保证系统安全运行的关键。

网络系统的安全需求包括网络边界安全需求、入侵监测与实时监控需求、安全事件的响应和处理需求分析。连接中央、省、市三级业务专网广域主干、核心网络设备等网络基础设施需要进行高可用性配置,以保证业务信息的无中断可靠传输。

6.5.3　系统及应用安全需求分析

系统及应用安全需求由防范病毒传播需求、操作系统安全需求、终端设备安全需求、用户权限管理需求、访问控制安全需求、业务信息系统安全需求等构成。具体需求为:

1. 防范病毒传播需求

(1) 系统必须能自动侦测并清除来自网络或其他输入设备(软驱、光驱、移动存储设备等)的病毒。

(2) 病毒特征库和扫描引擎的更新可通过网络分布部署,通过服务器自动分发客户端工作站防毒软件,简化安装过程。

(3) 系统必须能够在工作站引导区遭受病毒破坏后帮助进行紧急恢复。

(4) 服务器防病毒系统必须能监控、查杀服务器本身的病毒,也能及时发现、处理来自网络的病毒,及时清除邮件系统的病毒。

2. 操作系统安全需求

(1) 操作系统的安全等级要达到 C2 级。

(2) 能够通过对主体(人、进程)识别和对客体(文件、设备)标注,划分安全级别和范畴,实现由操作系统对主、客体之间的访问关系进行控制。

(3) 能够定期自动地对操作系统安全进行扫描和风险评估,发现系统安全弱点和漏洞,并及时补救。

(4) 对于关键业务系统,应按照高可用性方案配置,使系统具有冗余性和快速故障恢复能力。

(5) 必须能够按照制定的安全审计计划进行审计处理,包括审计日志和对违规事件的处理。

3. 终端设备安全需求

(1) 对允许访问系统的终端进行行为审计。

(2) 对访问系统的终端进行检查,对没有及时更新病毒库和安装系统补丁的终端系统进行提示或自动更新。

(3) 对访问终端的移动介质进行管理,只能使用经过授权的设备。

4. 用户权限管理需求

(1) 能够为用户分配用户标识符 UID,并保证用户的唯一性。

(2) 支持用户的分级和分组管理机制。

(3) 能够设定用户访问权限的有效日期、有效时间段。

(4) 能够提供可靠的用户身份认证手段,如密码等。

(5) 权限管理必须满足最小授权原则,使每个用户和进程只具有完成其任务的最小权限。

5. 访问控制安全需求

(1) 建立有效的用户身份认证机制,防范来自非法用户的非法访问和合法用户的非授权访问。

(2) 能够提供包括用户名的识别与验证、用户口令的识别与验证、用户账号的缺省限制检查等多道安全检查,能够支持数字证书验证,支持第三方电子商务认证,即 CA 认证。

(3) 能够支持按照自主访问控制规则对用户进行访问控制,即按照用户与被访问对象(文件等)的关系来决定是否允许访问。

(4) 系统必须能够防止用户经过被允许路径以外的其他访问路径隐蔽地实现某些越权的非法访问。

(5) 系统必须能够将每一次访问记录在日志文件中,并提供分析和审计功能。

6. 业务信息系统安全需求

(1) 业务经办

医疗保险信息系统网络主要支持参保经办、基金管理、两定机构(定点医疗机构、定点零售药店)结算,包括本地实时业务经办和异地事后业务经办。这类业务传输的是个体性数据,且与个体利益直接相关。特别是在两定交易中是实时系统交易,则在安全需求方面,要求操作时必须核实操作者的有效身份和操作权限,网络必须确保流程严格无漏洞,且系统连续稳定,数据传输必须确保信息准确、保密、且不可抵赖,在出现事故后可追究责任。

(2) 公共服务

医疗保险信息系统网络支持公共服务,除有关政策法规信息和参数类信息的发布外,还面向参保人员、用工单位、医疗机构、非参保人员等社会对象提供个体性数据的查询等服务。对于政策法规和药品查询、缴费比例等公开性信息,无须在应用层做安全控制。对于个体性数据,如个人缴费信息查询、个人消费信息查询等必须确认查询者具有合法身份,必须是合法获得授权的查询者。

6.5.4 数据安全需求分析

数据安全需求由数据库安全需求、数据传输安全需求、数据存储安全需求等构成,具体内容包括:

1. 数据库管理系统安全需求

(1) 数据库管理系统本身的安全等级达到 C2 级。

（2）能够通过对主体（人、进程）识别和对客体（数据表、数据分片）标注，划分安全级别和范畴，实现由系统对主、客体之间的访问关系进行强制性控制。

（3）具有增强的口令使用方式限制，用户必须按规定的格式设置口令，才能进行注册。

（4）能够按照最小授权原则，对数据库管理员、软件开发人员、终端用户授予各自完成自身任务所需的最小权限。

（5）能够对与数据库安全有关的事件进行跟踪、记录、报警和处理，供有关人员进行分析。

2. 数据传输的安全需求

数据传输的安全需求包括对数据传输的机密性和完整性需求。

（1）数据传输的机密性要求，需要对劳动保障业务专网传输的敏感性业务数据的机密性进行保护，支持标准服务以及医疗保险网络特有的通讯业务。

（2）根据传输完整性要求，保护网络传输数据包的不可篡改性。

3. 数据存储的安全需求

（1）医疗保险系统主机的操作系统、应用软件要有存储在可靠介质的全备份，软件以及计算机和网络设备的配置和设置的全部参数也必须进行备份；与系统安装和恢复相关的软硬件、资料等必须放置在安全的地方。

（2）医疗保险业务系统的重要数据必须定期进行备份，备份的数据必须存储在可靠的介质中并与系统分开存放；而且要制定详尽的使用数据备份进行故障恢复的预案，并进行预演。

（3）对于需要保密的存储数据，应采取加密措施保证其机密性。

6.5.5　安全管理需求

　　健全的安全管理体系使得各种安全防范措施得以有效实施，是网络、系统安全实现和维系的保证，是整个安全建设中必不可少的一个部分，为此需要建立一套符合医疗保险信息系统实际的安全管理体系。

第7章 医疗保险信息系统建设思路

医疗保险信息系统属于金保工程的一部分,本章主要是参照金保工程的相关要求,在此基础上形成医保信息系统的建设思路,包括建设目标和指导思想、建设原则、具体建设路径等。

7.1 建设目标和指导思想

医保信息系统属于金保工程的一部分,其建设目标和指导思想均应与金保工程的各项要求相一致。金保工程建设的总体目标为:建立比较完备高效的与劳动和社会保障事业发展相适应、与国家经济信息系统相衔接的省级劳动和社会保险管理信息系统;以适用、及时的数字和文字信息为基础,以客观科学的分析为手段,为劳动和社会保险工作重大决策和政策制定提供信息支持,为社会、企业和劳动者个人提供信息服务。

我国医疗保险信息系统的指导思想主要有三个方面:

1. 建立符合统一标准的基层单位管理平台,努力提高业务管理信息系统和基层单位管理平台的覆盖面和整体管理水平。

2. 在各个地市建立各种业务管理模式的资源数据中心,并以此为基础建立全省医疗保险信息管理系统,逐步实现"扫描"方式的信息采集。

3. 完善宏观决策系统,建立多渠道的信息采集制度,运用各种决策分析工具,包括统计分析、预测分析、监测预警、政策模拟和政策评价,为多层次的宏观决策提供支持。

7.2 建设原则

医疗保险信息系统的建设原则包括:

1. 按照劳动和社会保障事业发展的总体目标,在确保医保信息系统的发展能够满足劳动和社会保障事业发展的前提下,确定劳动和社会保险管理信息系统建设的进度和各项工作目标。

2. 将"统一领导、统一规划、统一标准、分步实施、分级管理、网络互联、信息共享"作为贯穿于系统建设各环节的基本原则。

3. 坚持一体化的设计思想,积极组织系统开发,保证各开发系统为将来形成统一的整体留有良好的接口和充分的余地。

4. 坚持开发、推广一起抓的方针。从基础建设和规范基层数据入手,条件成熟一个,联网一个,并在推广中形成完备的运行机制,保证系统的开发效益。

5. 根据劳动和社会保险业务的需求以及信息技术发展状况,按照经济实用、成熟先进、持续稳定的原则,确定系统建设的规模和软硬件档次。

6. 遵循开放性和可扩展性原则,保证系统具有广泛的扩充空间。

7.3 建设思路

为了实现医疗保险信息系统的省市级统筹,应该从一开始就贯彻"一体化"思想。首先要在技术上统一,即信息技术的基础设施、业务运作的支撑平台、表示组件与业务组件、信息安全体系、监控与管理、标准和规范各个方面都应该是统一的。需求分析是统一的过程,系统设计、系统开发也是统一的。

7.3.1　技术"一体化"

系统建设需要统一指导和统一规划,对信息系统的统一分析和统一设计,体现在如下几个具体方面:

1. 统一资源数据库:一个数据库。

2. 统一技术标准

3. 统一技术架构:由软件开发商进行统一的技术架构,融入自主研发的支撑平台,针对具体的用户实际需求,能够快速、准确地进行本地化。

4. 统一用户管理:应用系统用户管理、日志管理、交易管理等通用的组件是统一的。

5. 统一基本信息:基本信息完全统一,通过统一入口和分类管理实现业务分布。

6. 统一数据交换平台。

7. 统一查询与统计平台。

对资源数据库来说,在系统的需求分析阶段就是按照基本信息统一、专业共享信息驱动、专项专业信息专用的原则来进行规划和设计的。这也是"一体化"的重要组成部分。

7.3.2　业务"一体化"

在进行医保信息系统一体化研究过程中,可以按照如下业务流程示意图(图 7 - 1)设计整个系统。

1. 实现业务流程的拆分和组合

根据医疗保险业务发展趋势和机构分布策略构建应用系统,实现业务流程的拆分和组合。

在"一体化"研究过程中,可以将业务按政策、管理、经办三层业务逻辑进行分析,实现业务的拆分,同时按市中心、县经办分中心、社区三层组织机构进行业务组合,实现管理与服务并重。

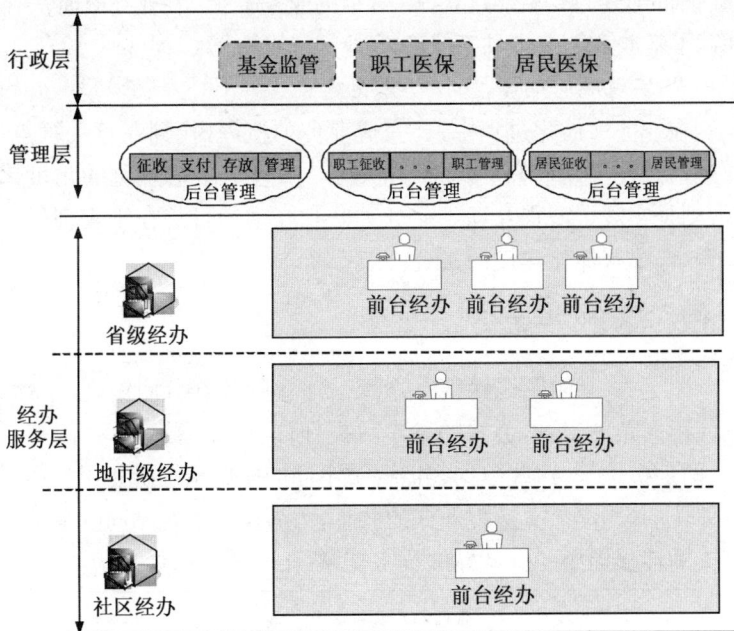

图7-1　医疗保险信息系统"一体化"业务流程示意图

2.实现数据分类管理和业务管理的统一

一体化建设和流程改造的一个关键点是统一数据入口。只有统一数据入口才能解决一体化的数据一致性问题,它可以实现数据分类管理和业务管理统一。从服务对象来看,对于个人服务,只有统一入口后才能保证同城同人同库,保证每个参保人在一体化系统中是唯一存在,而不会出现一人两号甚至多号的现象;从单位来看,只有统一数据入口才能保证一体化建设的数据一致性和唯一性,只有统一的单位才能有统一的对外接口,因此从这一点来说,统一数据入口也是医疗保险系统对外接口统一化的前提。

在进行一体化分析过程中,按基本信息、专业共享信息、专业信息进行数据分布和管理的规划,从信息系统的角度提出一体化的入口,在后期的业务规划就能建立统一入口的业务体系。在业务梳理表中，明确了基本信息、专业共享信息、专业信息的各个入口点。

3. 实现线间耦合，保证一体化建设

在业务一体化过程中，要完成业务的梳理，找到业务关联点，通过信息化实现管理与政策的执行一致性。从信息化的角度来说，则是实现了流程互动。业务关联和互动的目的在于实现线间耦合，保证一体化建设的实现。

7.3.3 数据"一体化"

图7-2显示了医保信息系统一体化的数据分布情况。从数据使用的角度来看，公共的基本数据和信息，如指标体系、医疗目录、两定机构等，这些数据都需要被不同的应用系统所使用。通过一体化的设计思想，实现数据的共享，为参保人员在不同的参保类型中的转移提供一个良好的技术支撑。

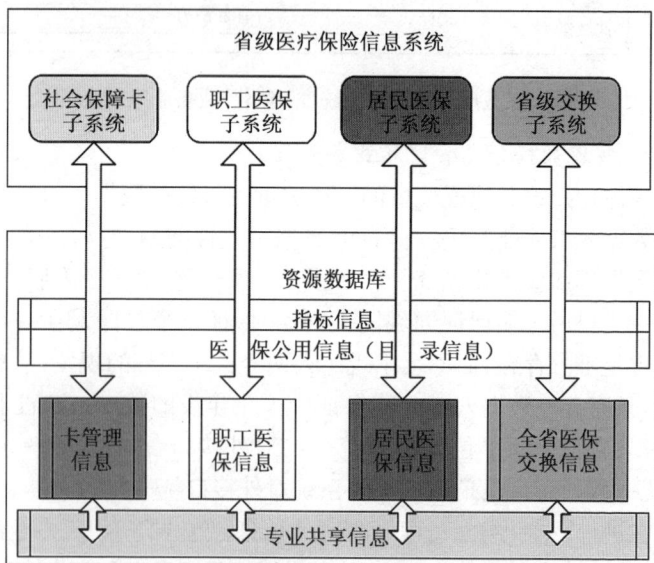

图7-2 医疗保险信息系统"一体化"数据分布示意图

7.3.4 四个统一

数据中心管理业务数据是将来系统建设的主要组成内容,因此业务管理模式应当全面满足系统对数据的稳定性、安全性、完整性等原则的要求。

医保信息系统的建立要解决四个统一的问题,即统一的数据平台、统一的数据接口、统一的数据通道、统一的数据管理。统一的数据平台是指为各种数据的访问、交换、使用提供一个统一的物理支撑环境;统一的数据接口是指医疗保险部门与其他相关部门之间进行数据文件交换时,必须通过数据中心统一实现交换和共享;统一的数据通道是指数据中心纵向沟通了各市、各县区医疗保险部门,横向沟通了医疗保险各业务部门,为构建统一的医疗保险系统提供了坚实基础;统一的数据管理则是指集中医疗保险各业务部门的基本业务数据,并进行统一的数据安全控制和异地集中备份。

第8章 基于云计算的医保云系统

目前,我国的绝大部分地区都已经建设了相应的医疗保险信息系统,通过计算机代替手工操作,实现医保系统的信息化。由于在初期医保统筹地区为县级,因此最早也是在县一级建立了各自的医保信息系统,然而在提高统筹层次推进市级统筹时,各地医保信息系统形成的信息孤岛便成为了目标实现的瓶颈。项目组在调研的过程中发现阻碍医保信息系统市级统筹的一个重要原因,是同一地市范围内各县区间医保政策标准不统一。也就是说,即使是同一地市范围,不同县区间的医保筹资比例、报销额度、报销药品目录等等都可能是不一致的,这种医保政策标准的不一致导致了在全市范围内市级统筹规划和信息系统建设遭遇重重阻力,统一全市信息系统建设的进程难以有效推进。

2011年9月,人力资源和社会保障部颁布的《关于印发人力资源和社会保障信息化建设"十二五"规划的通知》(人社部发〔2011〕99号)中提出"下一代互联网(IPv6)、物联网、云计算等信息技术愈发成熟,相关产业正在形成,为信息化建设营造了良好技术环境"。

有鉴于"十二五"规划中将下一代互联网(IPv6)、物联网、云计算等信息技术作为社会保障信息化建设重要的技术力量,本章提出了"云计算"的概念,建议采用"基于云计算的医保云系统"为各县区提供能够符合自身医保政策的信息平台,在实现市级统筹的同时,能够保留各县区医保政策自身的特色和规范。

8.1 云计算理论

8.1.1 云计算概述

一、云计算的含义及原理

云计算（Cloud Computing）是由分布式计算（Distributed Computing）、并行处理（Parallel Computing）、网格计算（Grid Computing）发展来的，是一种新兴的商业计算模型。目前，对于云计算的认识在不断地发展变化，但云计算仍没有普遍一致的定义。中国网格计算、云计算专家刘鹏给出如下定义："云计算是将计算任务分布在大量计算机构成的资源池上，使各种应用系统能够根据需要获取计算力、存储空间和各种软件服务。"在 IBM 的技术白皮书"Cloud Computing"中云计算被定义为"云计算一词用来同时描述一个系统平台或者一种类型的应用程序。一个云计算的平台按需进行动态地部署（provision）、配置（configuration）、重新配置（reconfigure）以及取消服务（de-provision）等。在云计算平台中的服务器可以是物理的服务器或者虚拟的服务器，高级的计算云通常包含一些其他的计算资源，例如存储区域网络（SAN），网络设备，防火墙以及其他安全设备等。云计算在描述应用方面，描述了一种可以通过互联网进行访问的可扩展的应用程序。'云应用'使用大规模的数据中心以及功能强劲的服务器来运行网络应用程序与网络服务，任何一个用户通过合适的互联网接入设备以及一个标准的浏览器就能够访问一个云计算应用程序"。上述定义给出了云计算两个方面的含义：一方面描述了基础设施，用来构造应用程序，其地位相当于计算机上的操作系统；另一方面描述了建立在这种基础设施之上的云计算应用。

因此，云计算其实就是一种信息技术基础设施的交付和使用模式，通过网络以按需、易扩展的方式获得所需的资源（硬件、平台、软件)。云是网络、互联网的一种比喻说法,过去往往用云来表示电信网,后来也用来表示互联网和底层基础设施。在与网格计算的比较上,网格程序是将一个大任务分解成很多小任务并行运行在不同的集群以及服务器上,注重科学计算应用程序的运行;而云计算是一个具有更广泛含义的计算平台,能够支持非网格的应用,例如支持网络服务程序中的前台网络服务器、应用服务器、数据库服务器三层应用程序架构模式,以及支持当前 Web 2.0 模式的网络应用程序。云计算是能够提供动态资源池、虚拟化和高可用性的下一代计算平台。

现有的云计算实现使用的技术体现了以下三个方面的特征:

1. 硬件基础设施架构在大规模的廉价服务器集群之上。与传统的性能强劲但价格昂贵的大型机不同,云计算的基础架构大量使用廉价的服务器集群,特别是 x86 架构的服务器,节点之间的互联网络一般也使用普遍的千兆以太网。

2. 应用程序与底层服务协作开发,可以最大限度地利用资源。传统的应用程序建立在完善的基础结构如操作系统之上,利用底层提供的服务来构造应用;而云计算为了更好地利用资源,采用了底层结构与上层应用共同设计的方法来完善应用程序的构建。

3. 通过多个廉价服务器之间的冗余,使用软件可以获得高可用性。由于使用了廉价的服务器集群,节点的失效将不可避免,并且会有节点同时失效的问题。为此,在软件设计上需要考虑节点之间的容错问题,使用冗余的节点获得高可用性。

通过上面的技术手段,云计算达到了两个分布式计算的重要目标,即可扩展性和高可用性。可扩展性表达了云计算能够无缝地扩展到大规模的集群之上,甚至包含数千个节点同时处理。高可用性代表了云计算能够容忍节点的错误,甚至有很大一部分节点发生失效也不会影响程序的正确运行。

学术界很早就展开了针对云计算方便用户使用方面的研究,

很多学术上的研究成果在远早于云计算概念提出来之前就已得出。我国的计算机研究人员远在"云计算"这个名词提出之前就已有透明计算的构思。透明计算体现了云计算的特征,即资源池动态的构建、虚拟化、用户透明等。

狭义的云计算概念是供应商通过利用分布式计算、虚拟化技术构建数据集中心或者超级计算机,以完全免费的形式或按需租用的方式向企业客户提供数据的存储、计算、分析等服务。广义的云计算概念是供应商通过互联网建立起网络服务器集群,并向不同需求的客户提供硬件出租、应用软件服务、数据存储、数据计算分析等不同类型的服务。

通俗的理解是,云计算的"云"就是存在于互联网上的服务器集群上的资源,它包括硬件资源(服务器、存储器、CPU 等)和软件资源(应用软件、集成开发环境等),本地计算机只需要通过互联网发送一个需求信息,远端就会有成千上万的计算机为你提供需要的资源并将结果返回到本地计算机,这样,本地计算机几乎不需要做什么,所有的处理都在云计算提供商所提供的计算机群来完成。

云计算的基本原则是,通过使计算分布在分布式计算机上,而不是本地计算机或远程服务器,企业数据中心的运行就更像互联网。这使公司可以切换到应用程序所需的资源需求来访问计算机和存储系统。这就好比过去的单台发电机独立供电模式转变为电厂集中供电的模式。也就意味着计算、存储能力现在也可以作为一个像天然气、电力和水的商品,取用方便,价格低廉。最大的不同是,它通过互联网来进行传输。

二、云计算背景及简史

云计算是继 20 世纪 80 年代大型计算机到客户端-服务器的大转变之后的又一种巨变。1983 年,太阳电脑(Sun Microsystems)提出"网络是电脑"(The Network is the Computer)的概念;2006 年 3 月,亚马逊(Amazon)推出弹性计算云(Elastic Compute Cloud EC2)服务。

2006 年 8 月 9 日，Google 首席执行官埃里克·施密特（Eric Schmidt）在搜索引擎大会（SES San Jose 2006）上首次提出"云计算"（Cloud Computing）的概念。Google 的"云端计算"源于 Google 工程师克里斯托弗·比希利亚所做的"Google 101"项目。

2007 年 10 月，Google 与 IBM 开始在美国大学校园，包括卡内基梅隆大学、麻省理工学院、斯坦福大学、加州大学柏克莱分校及马里兰大学等，推广云计算的计划，这项计划希望能降低分布式计算技术在学术研究方面的成本，并为这些大学提供相关的软硬件设备及技术支持（包括数百台个人电脑及刀片服务器与 System x 服务器，这些计算平台提供了 1600 个处理器，支持包括 Linux、Xen、Hadoop 等开放源代码平台）。而学生则可以通过网络开发各项以大规模计算为基础的研究计划。

2008 年 1 月 30 日，Google 宣布在台湾启动"云计算学术计划"，将与台湾台大、交大等学校合作，将这种先进的大规模、快速计算技术推广到校园。2008 年 2 月 1 日，IBM 在中国无锡太湖新城科教产业园为中国的软件公司建立了全球第一个云计算中心（Cloud Computing Center）。2009 年 7 月，中国首个企业云计算中心（中化企业云计算中心）诞生。

2008 年 7 月 29 日，雅虎、惠普和英特尔宣布了一项涵盖美国、德国和新加坡的联合研究计划，推出云计算研究测试床，推进云计算。该计划要与合作伙伴创建 6 个数据中心作为研究试验平台，每个数据中心配置 1400 个至 4000 个处理器。这些合作伙伴包括新加坡资讯通信发展管理局、德国卡尔斯鲁厄大学 Steinbuch 计算中心、美国伊利诺伊大学香宾分校、英特尔研究院、惠普实验室和雅虎。

2010 年 3 月 5 日，Novell 与云安全联盟（CSA）共同宣布一项供应商中立计划，名为"可信任云计算计划（Trusted Cloud Initiative）"。

2010 年 7 月，美国国家航空航天局和包括 Rackspace、AMD、

Intel、戴尔等支持厂商共同宣布"OpenStack 开放源代码计划",微软在 2010 年 10 月表示支持 OpenStack 与 Windows Server 2008 R2 的集成;而 Ubuntu 已把 OpenStack 加至 11.04 版本中。2011 年 2 月,思科系统正式加入 OpenStack,重点研制 OpenStack 的网络服务。

三、云计算的发展历史和现状

云计算目前的热度相当高,受到各行各业的瞩目。云计算通过网络以按需求、易扩展的方式获得所需的资源(硬件、平台、软件)。提供资源的网络被称为"云"。"云"中的资源在使用者看来是可以无限扩展的,并且可以随时获取,按需使用,随时扩展,按使用付费。这种特性经常被称为像水电一样使用 IT 基础设施。它是多种技术混合演进的结果,具体的演变过程如图 8-1 所示:

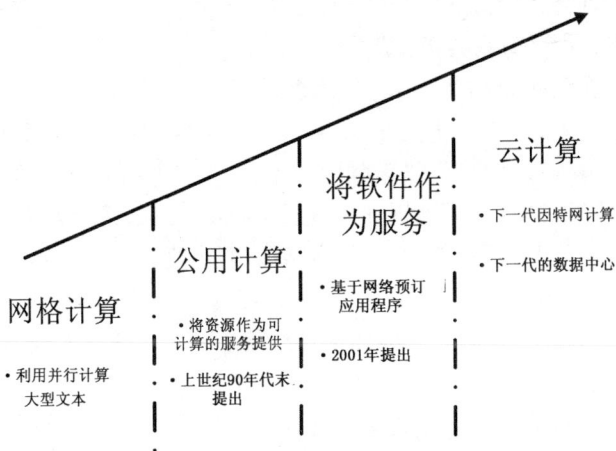

图 8-1　云计算的演变过程

从本质上说,云计算是一种基于因特网的超级计算模式,在远程的数据中心,几万甚至几千万台电脑和服务器连接成一片。因此,云计算可以拥有每秒超过 10 万亿次的运算能力,如此强大的运算能力几乎无所不能。用户通过电脑、笔记本、手机等方式接入数据中心,按各自的需求进行存储和运算。

云计算被视为科技业的下一次革命,它将带来工作方式和商业模式的根本性改变。对中小企业和创业者来说,云计算意味着巨大的商业机遇,他们可以借助云计算在更高的层面上和大企业竞争。云计算在信息技术市场上的雏形正在逐步形成,它为供应商提供了全新的机遇并催化了传统 IT 产品的转变。

中国云计算网介绍了四款比较成熟而实用的云计算产品。它们是 IBM 的蓝云、亚马逊的 Amazon EC2、谷歌的 Google App Engine、微软的 Windows Azure。这四款云计算产品在目前云计算领域都有一定的代表性,也代表了国际上云计算的主流方向。随着智能移动设备、高速无线连接以及基于浏览器的 Web 2.0 接口的不断增加,基于网络的云计算模型不仅切实可行,而且还有助于降低计算机资源的复杂性。

四、云计算的层次及应用

云安全(Cloud Security),顾名思义,是一个从"云计算"演变而来的新名词。"云安全"通过网状的大量客户端对网络中软件的异常行为进行监测,获取互联网中木马、恶意程序的最新信息,推送到客户端进行自动分析和处理,再把病毒和木马的解决方案分发到每一个客户端。云安全的策略构想是,当使用者越多时,每个使用者就越安全。因为如此庞大的用户群,足以覆盖互联网的每个角落,只要某个网站被添加木马或某个新木马病毒出现,就会立刻被截获。

云存储是在云计算概念上延伸和发展出来的一个新的概念,是指通过集群应用、网格技术或分布式文件系统等功能,将网络中大量不同类型的存储设备通过应用软件集合起来协同工作,共同对外提供数据存储和业务访问功能的一个系统。当云计算系统运算和处理的核心是大量数据的存储和管理时,云计算系统中就需要配置大量的存储设备,那么云计算系统就转变成为一个云存储系统,所以云存储是一个以数据存储和管理为核心的云计算系统。

云计算的发展并非一帆风顺。云技术要求大量用户参与,也不可避免地出现了隐私问题。用户参与便意味着需要收集某些用户数据,从而引发了用户数据安全的担心,很多用户担心自己的隐私会被云技术收集。正因如此,在加入云计划时很多厂商都承诺尽量避免收集到用户隐私,即使收集到也不会泄露或使用。但在云技术之下,如何保证用户的隐私信息不被收集和公开,仍是目前云技术面临的重要问题。

五、云安全问题

关于云计算与安全之间的关系一直存在两种对立的说法。持有乐观看法的人认为,采用云计算会增强安全性,通过部署集中的云计算中心可以组织安全专家以及专业化安全服务队伍实现整个系统的安全管理,避免了现在由个人维护安全的不专业所导致的安全漏洞频出而被黑客利用的情况。然而,更接近现实的一种观点是集中管理的云计算中心将成为黑客攻击的重点目标,由于系统的巨大规模以及前所未有的开放性与复杂性,其安全性面临着比以往更为严峻的考验。对于普通用户来说,其安全风险反而是增加了。

1. 云计算安全所面临的问题与挑战

当前云计算平台的各个层次如主机系统层、网络层以及网页应用层等都存在着相应的安全威胁,但这类通用安全问题在信息安全领域已得到较为充分的研究并具有比较成熟的产品。研究云计算安全需要重点分析与解决云计算的服务计算模式、动态虚拟化管理方式以及多租户共享运营模式等对数据安全与隐私保护带来的挑战。

(1)云计算服务计算模式所引发的安全问题

当用户或企业将所属的数据外包给云计算服务商或者委托其运行所属的应用时,云计算服务商就获得了该数据或应用的优先访问权。事实证明,由于存在内部人员失职、黑客攻击及系统故障导致安全机制失效等多种风险,云服务商没有充足的证据让用户确信其数据被正确地使用。例如,云服务商有时无法证明,用户数据未被盗卖给其竞争对手、用户使用习惯隐私没有被记录或分析、用户数据被正确存储在其指定的国家或区域且不需要的数据已被彻底删除等等。

(2) 云计算的动态虚拟化管理方式引发的安全问题

在典型的云计算服务平台中,资源以虚拟、租用的模式提供给用户,这些虚拟资源根据实际运行所需与物理资源相绑定。由于在云计算中是多租户共享资源,多个虚拟资源很可能会被绑定到相同的物理资源上,如果云平台中的虚拟化软件中存在安全漏洞,那么用户的数据就可能被其他用户访问。例如 2009 年 5 月网络上曾经曝光 VMware 虚拟化软件的 Mac 版本中存在一个严重的安全漏洞,别有用心的人可以利用该漏洞通过 Windows 虚拟机在 Mac 主机上执行恶意代码。因此,如果云计算平台无法实现用户数据与其他企业用户数据的有效隔离,用户不知道自己的邻居是谁、有何企图,那么云服务商就无法说服用户相信自己的数据是安全的。

(3) 云计算中多层服务模式引发的安全问题

云计算发展的趋势之一是计算机服务专业化,即云服务商在对外提供服务的同时自身也需要购买其他云服务商所提供的服务。因而用户所享用的云服务间接涉及多个服务提供商,多层转包无疑极大地提高了问题的复杂性,进一步增加了安全风险。由于缺乏安全关键技术支持,当前的云平台服务商多数选择采用商业手段回避上述问题,但从长远来看,用户数据安全与隐私保护需求属于云计算产业发展无法回避的核心问题。其实,上述问题并不缺乏技术基础,如数据外包与服务外包安全、可信计算环境、虚拟机安全、秘密同态计算等各项技术多年来一直为学术界所关注。关键在于实现上述技术在云计算环境下的实用化,形成支撑未来云计算安全的关键技术体系,并最终为云用户提供具有安全保障的云服务。

建立安全指导标准及其测评技术体系是实现云计算安全的另一个重要支柱。云计算安全标准是度量云用户安全目标与云服务商安全服务能力的尺度,也是安全服务提供商构建安全服务的重要参考。基于标准的"安全服务品质协议"可以依据科学的测评方法检测与评估在出现安全事故时快速实现责任认定,避免产生责任推诿。

建立云计算安全标准及其测评体系的挑战在于以下几点:

首先,云计算安全标准应支持更广义的安全目标。云计算安全标准不仅应支持用户描述其数据安全保护目标、指定其所属资产安全保护的范围和程度,更重要的是应支持用户、尤其是企业用户的安全管理需求,如分析查看日志信息、搜集信息,了解数据使用情况以及展开违法操作调查等。而这些信息的搜集可能会牵涉到云计算服务商的数据中心或其他用户的数据,带来一定安全隐患。当前,云计算商业运作模式仍不十分成熟,用户与云计算服务商之间的责任与权限界定得并不清晰,用户与云计算服务商在管理范围与权限上可能存在冲突。因此,需要以标准的形式将其确定下来,明确指出信息搜集的程度、范围、手段等,防止影响其他用户的权益。不仅如此,上述安全目标还应是可测量、可验证的,便于在相关规范中规定上述安全目标的标准化测量验证方法。

其次,云计算安全标准应支持对灵活、复杂的云服务过程的安全评估。传统意义上对服务商能力的安全风险评估方式是通过全面识别和分析系统架构下威胁和弱点及其对资产的潜在影响来确定其抵抗安全风险的能力和水平,但在云计算环境下,云服务提供商可能租用其他服务商提供的基础设施服务或购买多个服务商的软件服务,根据系统状况动态选用。因此,标准应针对云计算中动态性与多方参与的特点提供相应的云服务安全能力的计算和评估方法;同时,标准应支持云服务的安全水平等级化便于用户直观理解与选择;此外,云计算安全标准应规定云服务安全目标验证的方法和程序。由于用户自身缺乏举证能力,因此验证的核心是服务商提供正确执行的证据,如可信审计记录等。云计算安全标准应明确定义证据提取方法以及证据交付方法。

2. 云安全问题所必须解决的关键问题

科学技术是把双刃剑。云计算在为人们带来巨大好处的同时也带来巨大的破坏性能力,因此,应在发展云计算产业的同时大力发展云计算监控技术体系,牢牢掌握技术主动权,防止其被竞争对手控制与利用。与互联网监控管理体系相比,实现云计算监控管理必须解决以下几个问题:

(1) 实现基于云计算的安全攻击的快速识别、预警与防护。如果黑客攻入了云客户的主机,使其成为自己向云服务提供商发动分布式拒绝服务攻击(Distributed Denial of Service,简称DDoS攻击)的一颗棋子,那么按照云计算对计算资源根据实际使用付费的方式,这一受控客户将在并不知情的情况下为黑客发起的资源连线偿付巨额费用。不仅如此,与以往DDoS攻击相比,基于云的攻击更容易组织,破坏性更大,而一旦攻击的对象是大型云服务提供商,势必影响大批用户,所造成的损失就更加难以估量。因此,需要及时识别与阻断这类攻击,防止重大的灾害性安全事件的发生。

(2) 实现云计算内容监控。云的高度动态性增加了网络内容监管的难度。首先,云计算所具有的动态性特征使得建立或关闭一个网站服务较之以往更加容易,成本代价更低。因此,各种含有黄色内容或反动内容的网站将很容易以打游击的模式在网络上迁移,使得追踪管理难度加大,对内容监管更加困难。如果允许其检查必然涉及其他用户的隐私问题;其次,云服务提供商往往具有国际性的特点,数据存储平台也常跨越国界,将网络数据存储到云上可能会超出本地政府的监管范围或者同属多地区或多国的管辖范围,而这些不同地域的监管法律和规则之间很有可能存在着严重的冲突。当出现安全问题时,难以给出公允的裁决。

（3）识别并防止基于云计算的密码类犯罪活动。云计算的出现使得组织实施密码破译更加容易,原来只有资金雄厚的大型组织才能实施的密码破解任务,在云计算平台的支持下,普通用户也可以轻松实现,严重威胁了各类密码产品的安全。在云计算环境下,如何防止单个用户或者多个合谋用户购得足够规模的计算能力来破解安全算法,也是云计算安全监管中有待解决的问题之一。

六、云计算的优缺点

1. 云计算的主要优点

云计算主要具有以下几大优点:

（1）超大规模

云计算具有相当大的规模,Google 云计算中心已经拥有了一百多万台应用服务器,Amaze、IBM、Yahoo 等公司的云计算中心也都拥有几十万台应用服务器。中小型企业的私有云通常拥有几十数百甚至上千台的应用服务器。云计算中心能给予每个用户前所未有的计算、存储等能力。

（2）虚拟化

云计算可以支持用户不管在什么位置、只需要使用各种终端就可以获得相应的应用服务。所请求的各种资源都来自云计算中心,不是人们通常想象的看得见摸得着的实体。应用服务在"云"中的某个地方运行,但事实上用户不需要了解、也不用担心应用服务具体的运行位置。只需要使用一台笔记本或者一个手机终端,就可以通过互联网服务来实现我们需要得到的一切,甚至可以包括超级计算这样的复杂任务。

（3）高可靠性

"云"使用了多副本数据的容错、计算节点同构可互换等措施来保证云计算服务的高可靠性。因此,使用云计算服务比使用本地计算机服务更加可靠。

（4）通用性

云计算不只是针对特定的用户提供特定的应用,在"云"的支撑下可以构造出千变万化、各种各样的应用,并且同一个"云"可以在同一时间支撑起不同的应用服务运行。

(5) 高可扩展性

高可扩展性意味着"云"的规模大小可以进行动态的伸缩,满足应用和用户规模增长的需要。

(6) 按需服务

按需服务是指,"云"可以像自来水、电、煤气等日常生活用品一样来进行计费使用,把"云"看成是一个规模庞大的资源共享池,客户按需购买或租用。

(7) 价格极其低廉

由于"云"的特殊容错纠错能力,可以使用非常廉价的节点来组成云;"云"的自动化集中式管理使得大多数企业不需负担价格高昂的数据中心管理成本;"云"的通用性功能使云资源的利用率比起传统系统来说得到大幅提高。在这种情况下,用户可以充分地享受到"云"的低成本优势。

2. 云计算的缺点

除了提供计算服务之外,云计算服务还提供了数据、信息存储服务。但是云计算服务目前大多数垄断在供应商手中,而他们仅仅能够提供商业信用。像政府部门、商业运营机构(特别是像银行这样拥有敏感数据的商业机构)对于选择云计算的服务应该保持相当高的警惕。一旦出现商业用户大规模地使用供应商提供的云计算服务,那么不管它提供的技术优势有多强,都会不可避免地让这些私人机构以"数据、信息的安全性、重要性"挟制了整个社会。

云计算存在着以下主要缺点:

(1) 数据隐私问题

要保证存储在云计算服务提供商的数据保密,不被他人非法窃取,就需要云计算服务供应商不断改进技术,也需要政府相关部门的配合,进一步完善法律制度。

（2）数据安全性

企业拥有的数据通常机密性比较强，数据的安全性往往关系到企业今后的生存与发展。如果云计算提供的数据，安全性存在问题且不能及时解决，就会直接影响到云计算在企业中的正常使用。

（3）用户的使用习惯

云计算面对广大的用户也存在一定的问题，如何针对不同用户的不同使用习惯，使他们不断适应逐步网络化的硬件设施、软件应用，这是一项长期而又艰巨的任务。

（4）网络传输问题

云计算服务大多依赖于互联网，目前我国互联网存在网速低且不稳定的情况，使云计算的应用性能不能更好地发挥。因此，云计算的普及也依赖于网络技术的发展。

8.1.2　云计算技术架构分析

一、基础架构分析

目前，云计算在各行各业的应用较广，但是各大云计算服务供应商对云计算的理解和实现方案各不相同，也没有一个统一的标准去衡量。因此，缺少一个统一的云计算服务标准制约了云计算的发展，这需要在云计算未来的发展进程中不断改进和完善。

通过目前主要云计算供应商对云计算服务的理解，可认为云计算的基础架构应该分为三层：基础设施层、应用平台层、交付服务层。如图 8-2 所示，为云计算的企业运用架构。

1. 基础设施层

云计算的硬件资源通常放在基础设施层，对云计算服务平台起到了完全支撑作用。这一层主要是由大规模的价格低廉的 PC 机或者应用服务器构成，并且通过虚拟化技术将硬件资源进行切分，把切分好的资源动态地对客户提供相应的服务。

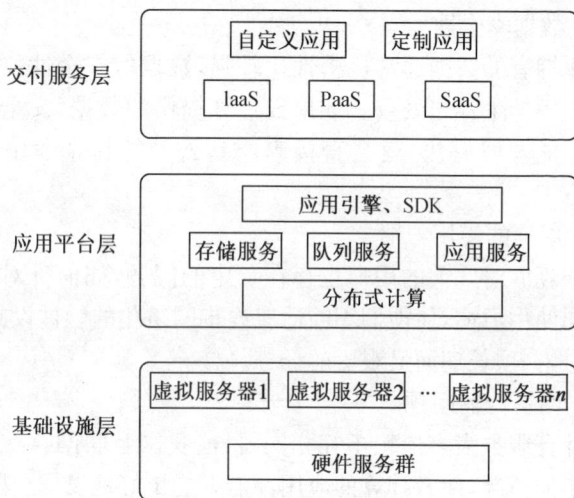

图 8-2　云计算企业运用架构

2. 应用平台层

云计算的核心技术位于这一层,支撑着云计算服务平台。利用分布式计算技术,将基础设施层中的硬件资源合理有限地组织起来,然后再为外界提供统一的计算、存储能力,同时隐藏基础设施层的资源。云计算平台所提供的软件服务主要位于这一层。尽管每个供应商云计算的实现方案各不相同,但他们都利用了谷歌公司的 Map/Reduce 的思想来实现。

云计算为了满足企业不同的应用需求,一般都会提供各具特色的服务,例如分布式计算服务、队列服务、应用服务、存储服务以及一些与企业运用息息相关的辅助服务。而其中比较关键的存储服务包括以下几个部分:关系型数据库的存储服务(如 mysql、Oracle)、文件的存储服务(如 Amazon 的 S3)、适合云计算存储的键值数据库(如 Drizzle)。

3. 交付服务层

交付服务层是用户用来获得云计算服务的平台。用户在通过软件即服务的方式从"云"中获得了需要的服务,而研发工作人员可以用平台即服务的方式,通过使用云计算平台拥有的应用程序接口、网页服务器以及可以使用平台运行环境去进行相关应用程序开发。对于最终用户来讲,选择软件即服务的方式能够从云计算平台中获得比较优质的软件服务。

二、关键技术分析

从技术角度来看云计算,云计算的主要功能的实现主要取决于两个至关重要的因素,首先是云计算对数据的存储能力,第二个就是分布式的计算能力。所以,云计算通常又可以分为"存储云"和"计算云",图8-3展示了现在较为接受的云计算层次化模型,底层的计算系统和存储系统(Storage)是云计算平台中的基础硬件设施;在基础硬件设施之上的就是云计算的可扩展性和灵活性的来源——计算机共享资源的虚拟化;再往上依次是平台层(Platform)、应用层(Application)以及具体的服务层(Service)等。

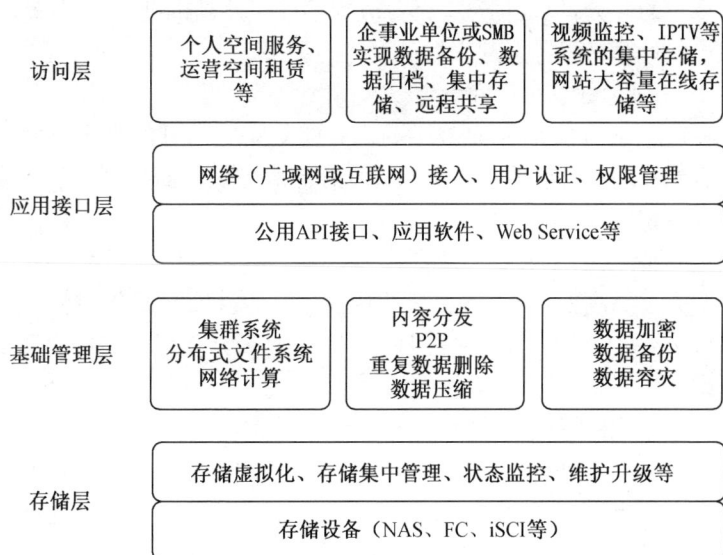

访问层	个人空间服务、运营空间租赁等	企事业单位或SMB实现数据备份、数据归档、集中存储、远程共享	视频监控、IPTV等系统的集中存储,网站大容量在线存储等

应用接口层	网络(广域网或互联网)接入、用户认证、权限管理
	公用API接口、应用软件、Web Service等

基础管理层	集群系统 分布式文件系统 网络计算	内容分发 P2P 重复数据删除 数据压缩	数据加密 数据备份 数据容灾

存储层	存储虚拟化、存储集中管理、状态监控、维护升级等
	存储设备(NAS、FC、iSCI等)

图8-3 云计算的层次化模型

云计算中的存储层是一个规模巨大的分布式存储系统。它对第三方客户提供公开的存储应用接口,客户通常可以依据自己的实际需要来购买相对应的容量大小和带宽。云计算中计算层包括两部分:并行计算和资源虚拟化技术。并行计算的主要作用是首先将较为复杂的计算任务进行拆分,然后将拆分的计算任务分别派发到云中各个节点进行分布式并行计算,最后将计算结果集中收集、统一整理,如查询、排序、合并等。资源虚拟化技术最主要的作用是用尽可能少的资源去完成尽可能多的事。在计算层中加入虚拟化技术,是为了力求在尽可能少的应用服务器上运行更多的并行计算,从而对云计算中所使用到的资源进行快速并且优化的配置。通过上述云计算基础架构的分析和对图 8-3 中云计算层次模型的了解,云计算的关键技术主要包括以下部分:

1. 大规模分布式计算技术

主要研究如何把一个需要强大计算能力才能解决的问题分成许多小的部分,以及把这些部分分配给许多计算机进行处理,最后把这些计算结果综合起来得到最终的结果。

2. 海量数据存储和管理技术

信息化的今天,信息技术的核心就是完成信息的收集、存储、最后到管理,目前来看,每个云计算存储服务供应商提供的存储服务各不相同、各具特色。

3. 虚拟化技术

为了提高云计算资源的利用效率,提高云计算服务的可靠性和可扩展性,引入了硬件虚拟化技术,它是云计算得以实现的重要基础。

4. 应用开发平台技术

应用开发平台技术的目的是便于客户在云计算服务平台上根据自己所需进行个性化服务开发。不过目前不同类型的云计算服务,在应用开发方面差别很大,没有统一的标准可言。

8.1.3　云计算服务模式分析

正如 Shane Robison 所提倡的"一切皆为服务"一样,云计算带给我们的一切都可以看成为服务。回顾云计算的发展历史,能够总结出当前云计算主要的服务类型,可以包括以下三大部分:基础设施即服务、平台即服务、软件即服务,这三类服务可以综合起来统称为 IT 服务。

一、基础设施即服务

基础设施即服务(Infrastructure as a service,简称 IAAS),它是指云计算平台将硬件设施资源(例如存储资源)和计算资源(CPU 和内存)以服务的形式供给用户使用。企业、客户可以通过租用这些基础设施资源来满足自己发展的需求,而不需要花钱购买专用的服务器设备和网络通讯设备。云计算平台提供的这一种常用的服务模式,相当于早前的虚拟机租用模式。同时,云计算通过虚拟化技术把一系列的计算机硬件资源虚拟化成为可以量化的IT 资源,通过购买、租用等方式,提供给用户使用。这对于企业来说可是利好消息,因此这种模式的出现可以为客户企业带来以下两个好处:

1. 根据特定需要购买基础设施服务

对于客户企业来说,在企业运用的过程之中,通常会出现对信息化有较高要求的情况。例如临时需要对数量庞大的文档资料进行统一转化,对大量的复杂的基础数据进行数据挖掘。在传统模式下,企业一般通过购买满足企业运用中最大计算峰值的 IT 基础设施来满足企业计算的日常需求。但是,这些购买来的资源在大部分时间内是处于闲置的、无用的状态,这样就导致了企业内部大量的 IT 资源空闲。根据具体统计信息显示,小于 80% 的计算能力和小于 65% 的存储空间的使用率都属于低效的基础设施,都意味着 IT 资源的浪费。

相比传统模式,在云计算模式下,客户可以通过了解云计算平台,租用平台中的基础设施服务来满足企业对 IT 资源的临时需求,企业在用完这些资源以后还可以还回给云计算平台,不会造成 IT 资源的浪费。这样就可以有效地降低企业的 IT 投资成本费用,使企业能够将资金投入到更加重要的核心业务功能上去。

2. 实现基础设施服务的外包

除了根据需求来购买云计算的 IT 资源服务以外,企业还可以通过其他方式长期租用云计算平台中的基础设施,通过这个方式来部署企业中的各种应用,降低了企业的 IT 投入费用和基本维护成本。

二、平台即服务

平台即服务(Platform as a service ,简称 PAAS)提供了对一个完整的应用服务需要的完全支持,涉及设计、开发、实现、测试、部署、维护整个生命周期。其为用户提供一个全面的开发环境,使得客户企业能够在云计算平台的支持之下,构建并且运行适合自己企业的应用。除此之外,客户企业还可以通过云计算平台提供的服务监控功能,对企业部署在云计算平台中的服务进行实时的监控,及时了解服务运行的不同状态,通过对服务状态的即时了解进行不同的决策与支持。利用平台即服务,客户企业可以方便地进行个性化应用服务的定制,满足客户企业多层次、多样化的 IT 需求。

三、软件即服务

软件即服务(Software as a service,简称 SAAS),软件即服务是在互联网技术和软件技术的快速发展中应运而生的,属于一种比较新兴的软件应用模式。它类似于按需软件(On-demand software)、应用服务提供商(Application service provider, ASP)和托管软件(Hosted software)。软件即服务是一种通过互联网给用户提供软件服务的模式,供应商将全部的应用软件都部署在自己的云计算服务器上,用户则根据自己的特点需求,通过互联网向供应商直接购买所需要的应用软件服务,服务不同、时间不同,价格也就不同,支付费用后即获得供应商提供的相应服务。这样一来,用户不再像以前需要花费大量资金购买软件,而是换成向供应商租借基于互联网的软件服务,来完成企业的管理运用。还有一个好处就是,租借的软件服务,不需要公司专门雇人进行软件的维护更新,因为服务供应商会全权负责软件的管理与维护。软件供应商在向客户提供互联网软件应用的同时,也提供了软件的离线使用功能和本地数据存储功能,让用户随时随地都可以使用其花钱购买来的软件和服务。对于许多中小型企业来说,SAAS模式是以最少的代价获得最先进技术的最好途径,它可以消除企业购买、构建和维护基础设施和应用程序的过程。在这种模式下,客户不再像传统模式那样花费大量投资用于硬件、软件、人员,而只需要支出一定的租赁服务费用,通过互联网便可以享受到相应的硬件、软件和维护服务,享有软件使用权和不断升级,这是网络应用最具效益的营运模式。

8.1.4 云计算实例

一、清华大学透明计算机平台

清华大学教授领导的研究小组从1998年开始就从事透明计算系统和理论的研究,到2004年前后正式提出并不断完善了透明计算的概念和相关理论。

20世纪90年代后,随着硬件、软件以及网络技术的发展,计算模式从大型机的方式逐渐过渡到微型个人计算机的方式,并且不断过渡到普通计算上。然而,用户仍然很难获得异构类型的操作系统以及应用程序,在轻量级的设备上很难获得完善的服务。透明计算改变了这个现象。在透明计算中,用户无须感知计算具体所在位置以及操作系统、中间件、应用等技术细节,只需要根据自己的需求,通过连通在网络之上的各种设备选取相应的服务。透明计算平台有3个重要组成部分,用户的显示界面是前端的轻权设备,包括各种个人计算机、笔记本、PDA、智能手机等,被统称为透明客户端。透明客户端可以是没有安装任何软件的裸机也可以是装有部分核心软件平台的轻巧性终端。中间的透明网络则整合了各种有线和无线网络传输设施,主要用来在各种透明客户端与后台服务器之间完成数据的传递,而用户无须意识到网络的存在。

透明服务器事实上与云计算基础服务设施的构想是一致的,它不排斥任何一种可能的服务提供方式,既可通过当前流行的个人服务器集群方式来构建透明服务器集群,也可使用大型服务器等。当前透明计算平台已经达到了平台异构的目的,能够支持Linux以及Windows操作系统的运行,用户具有很大的灵活性,能够自主选择自己所需要的操作系统运行在透明客户端上。

透明服务器使用了流行的PC服务器集群的方式,预先存储了各种不同的操作平台,包括操作系统的运行环境、应用程序以及相应的数据。每个客户端从透明服务器上获取并建立整个运行环境以满足用户对于不同操作环境的需求。由于用户之间的数据相互隔离,因此服务器集群可以选取用户相对独立的方式进行存储,使得整个系统能够扩展到很大的规模。在服务器集群之上进行相应的冗余出错处理,很好地保护了每个用户的透明计算数据安全性。

二、Google 的云计算平台

Google公司有一套专属的云计算平台,这个平台最早是为Google最重要的搜索应用提供服务,现在已经扩展到其他应用程序。从整体来看,Google的云计算平台包含了如下结构层次:

1. 网络系统:包括内部网络和外部网络。

内部网络是用于连接Google自建的各个数据中心的网络系统,这一高速的网络系统使得Google的每一台服务器连接在一起成为一个负载平衡的集群。外部网络是指在Google数据中心之外,有Google自己搭建的用于不同国家或地区,不同应用之间的数据交换网络。

2. 硬件系统:从层次上来看,包括单个服务器、整合了多服务器的机架以及存放、连接各服务器机架的数据中心。

3. 软件系统：包括每个服务器上安装的单机操作系统和Google 云计算底层软件系统（文件系统 GFS、并行计算处理算法MapReduce、并行数据库 BigTable、并行所服务 Chubby 和云计算消息队列 GWQ）。

Google 内部使用的软件开发工具，包括 C＋＋、Java、Python等。Google 发布的可以使用 Python、Java 等编程语言调用云计算底层软件系统的 PAAS 平台——Google App Engine。Google 自己开发的 SAAS 类型的各项服务，例如 Google Search、Google Gmail、Google Map、Google Earth 等。

Google 提出了应用向互联网迁移、数据向互联网迁移、计算能力向互联网迁移、存储空间向互联网迁移这一云计算构想，甚至提出在未来浏览器可能代替操作系统的作用，直接使用来自互联网的各种软件。从 Google 提供的基于浏览器使用的各项服务，到推出 Chrome OS 网络操作系统，可以看到其在云计算战略中坚定的步伐。然而，以桌面操作系统为中心向以服务器为中心的过渡必然会增加服务器端的计算和存储压力，服务器端必须有处理海量计算和存储的能力才能够支撑。

而 Google 的云计算平台就具有这种能力，它最直接的应用领域便是作为基础设施来承载 Google 提供的搜索、邮件、文档、地图等各项互联网应用。随着 Google App Engine 的发布，不论是简单的个人应用还是企业级应用，都可以构建在 Google 的云计算平台之上。这不仅能让广大用户体验到云计算带来的低成本优势，而且有利于基于互联网的应用的繁荣。

三、IBM"蓝云"计算平台

IBM 的"蓝云"计算平台是一套软、硬件平台，将因特网上使用的技术扩展到企业平台上，使得数据中心使用类似于互联网的计算环境。"蓝云"大量使用了 IBM 先进的大规模计算技术，结合了 IBM 自身的软、硬件系统以及服务技术，支持开放标准与开放源代码软件。

"蓝云"计算平台由一个数据中心、IBM Tivoli 部署管理软件（Tivoli provisioning manager）、IBM Tivoli 监控软件（IBM Tivoli monitoring）、IBM WebSphere 应用服务器、IBM DB2 数据库以及一些开源信息处理软件和开源虚拟化软件共同组成。"蓝云"的硬件平台环境与一般的 x86 服务器集群类似，使用刀片的方式增加了计算密度。"蓝云"软件平台的特点主要体现在虚拟机以及对于大规模数据处理软件 Apache Hadoop 的使用上。Hadoop 是开源版本的 Google File System 软件和 MapReduce 编程规范。

"蓝云"计算平台的一个重要特点是虚拟化技术的使用。虚拟化的方式在"蓝云"中有两个级别，一个是在硬件级别上实现虚拟化，另一个是通过开源软件实现虚拟化。硬件级别的虚拟化可以使用 IBM p 系列的服务器，获得硬件的逻辑分区（logic partition，简称 LPAR）。逻辑分区的 CPU 资源能够通过 IBM 的企业工作管理器（IBM Enterprise Workload Manager）进行管理。通过这样的方式加上在实际使用过程中的资源分配策略，计算平台能够将相应的资源合理地分配到各个逻辑分区。

虚拟机是一类特殊的软件，能够完全模拟硬件的执行，运行不经修改的完整的操作系统，保留了一整套运行环境语义。通过虚拟机的方式，在云计算平台上能够获得如下一些优点：

1. 云计算的管理平台能够动态地将计算平台定位到所需要的物理节点上，而无须停止运行在虚拟机平台上的应用程序，进程迁移方法更加灵活。

2. 降低集群电能消耗，将多个负载不是很重的虚拟机计算节点合并到同一个物理节点上，从而能够关闭空闲的物理节点，达到节约电能的目的。

3. 通过虚拟机在不同物理节点上的动态迁移，迁移了整体的虚拟运行环境，能够获得与应用无关的负载平衡性能。

4. 在部署上也更加灵活，即可以将虚拟机直接部署到物理计算平台上,而虚拟机本身就包括了相应的操作系统以及相应的应用软件,直接将大量的虚拟机映像复制到对应的物理节点即可。

"蓝云"计算平台中的存储体系结构对于云计算来说也是非常重要的,无论是操作系统、服务程序还是用户的应用程序的数据都保存在存储体系中。"蓝云"存储体系结构包含类似于 Google File System 的集群文件系统以及基于块设备方式的存储区域网络 SAN。

在设计云计算平台的存储体系结构时,可以通过组合多个磁盘获得很大的磁盘容量。相对于磁盘的容量,在云计算平台的存储中,磁盘数据的读写速度是一个更重要的问题,因此需要对多个磁盘进行同时读写。这种方式要求将数据分配到多个节点的多个磁盘当中。为达到这一目的,存储技术有两个选择,一个是使用类似于 Google File System 的集群文件系统,另一个是基于块设备的存储区域网络 SAN 系统。

在蓝云计算平台上,SAN 系统与分布式文件系统(例如 Google File System)并不是相互对立的系统。SAN 提供的是块设备接口,需要在此基础上构建文件系统,才能被上层应用程序所使用。而 Google File System 正好是一个分布式的文件系统,能够建立在 SAN 之上。两者都能提供可靠性、可扩展性。在实际应用中,需要由建立在云计算平台上的应用程序来决定具体使用哪一个系统,这也体现了计算平台与上层应用相互协作的关系。

四、亚马逊(Amazon)的弹性计算云

亚马逊是互联网上最大的在线零售商,每天负担着大量的网络交易,同时亚马逊也为独立软件开发人员以及开发商提供云计算服务平台。亚马逊将他们的云计算平台称为弹性计算云(Elastic compute cloud,简称 EC2),是最早提供远程云计算平台服务的公司。亚马逊将自己的弹性计算云建立在公司内部的大规模集群计算的平台上,而用户可以通过弹性计算云的网络界面去操作在云计算平台上运行的各个实例。

用户使用实例的付费方式由用户的使用状况决定,即用户只需为自己所使用的计算平台实例付费,运行结束后计费也随之结束。这里所说的实例即是由用户控制的完整的虚拟机运行实例。通过这种方式,用户不必自己去建立云计算平台,节省了设备与维护费用。亚马逊的弹性计算云由名为亚马逊网络服务(Amazon Web services)的现有平台发展而来。2006 年 3 月,亚马逊发布了简单存储服务(simple storage service,简称 S3),用户使用 SOAP 协议存放和获取自己的数据对象。在 2007 年 7 月,亚马逊公司推出了简单队列服务(simple queue service,简称 SQS),这项服务能够使得托管虚拟主机之间发送的消息,支持分布式程序之间的数据传递,无须考虑消息丢失的问题。亚马逊又继续提供了 EBS (elastic block storage)服务,为用户提供块级别的存储接口。

在提供这些基础设施的同时,亚马逊公司开发了弹性计算云 EC2 系统,开放给外部开发人员使用。弹性计算云用户使用客户端通过 SOAP over HTTPS 协议与亚马逊的弹性计算云内部的实例进行交互,这样,弹性计算云平台为用户或者开发人员提供了一个虚拟的集群环境,在用户具有充分灵活性的同时,也减轻了云计算平台拥有者的管理负担。

弹性计算云中的每一个实例代表一个运行中的虚拟机,用户对自己的虚拟机具有完整的访问权限,包括针对此虚拟机操作系统的管理员权限。虚拟机的收费也是根据虚拟机的能力进行计算的,实际上,用户租用的是虚拟的计算能力。总而言之,亚马逊通过提供弹性计算云,满足了小规模软件开发人员对集群系统的需求,减小了维护负担,其收费方式相对简单明了:用户使用多少资源,只需为这一部分资源付费即可。为了弹性计算云的进一步发展,亚马逊规划了如何在云计算平台基础上帮助用户开发网络化的应用程序。

8.2 基于云计算的医疗保险云系统的设计

"云计算"中的信息技术即服务的思想,能有效地解决医保信息系统市级统筹的信息技术困境,减少信息技术的投入和风险,能够以较少的投资和最短的周期获得信息技术交付,提高上级医保中心对下级医保业务的掌控能力。同时,下级各地医保信息系统可获得更加专业、更加贴合自身发展的信息技术解决方案,而且,云计算服务平台的供应商,可以根据下级医保中心的不同政策需求和云计算技术的发展状况,持续地对提供的软件服务进行维护,保持云计算服务的先进性。

8.2.1 总体架构模型

通过对云计算平台的了解,我们建立了基于云计算的医疗保险云系统的总体架构,具体包括三个层次:基础设施层,应用平台层,服务提供层,如图 8-4 所示。

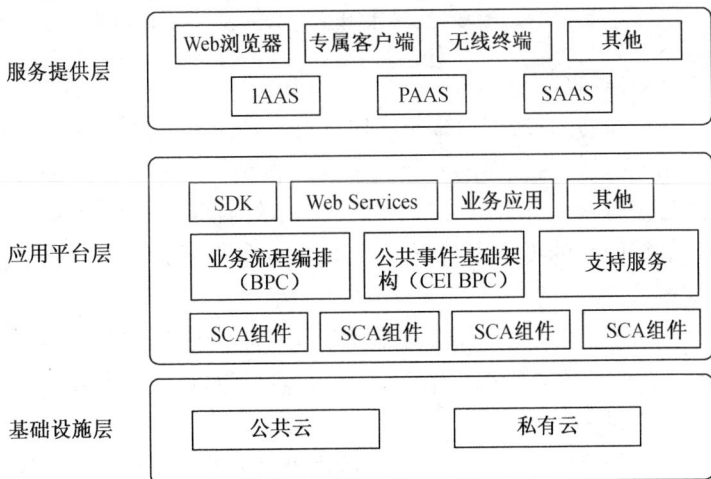

图 8-4 医保信息系统云计算总体架构

8.2.2　基础设施层设计

云提供主要有三种方式:私有云、公共云和混合云。图 8-5 显示了云提供的三种不同方式。接下来我们分别就不同的提供方式进行分析。

图 8-5　云提供的三种方式

一、私有云

私有云,是指组织内部自己使用的云,它所有的服务不是供别人使用,而是供自己内部人员或分支机构使用。私有云的部署比较适合于有众多分支机构的大型企业或政府部门。随着这些大型企业数据中心的集中化,私有云可以成为他们部署信息系统的主流模式。

相对于公共云,私有云的部署在组织自身内部,因此其数据安全性、系统可用性都可由自己控制。缺点是投资较大,尤其是一次性的建设投资较大。

医保信息中心通过在自己机构内部搭建的以医疗保险信息共享、统计检索为目的的云计算平台,来管理机构内部的信息技术资源,实现信息资源的有效管理。对于发展已经较为成熟的地区来说,由于其本身有较为雄厚的资金支撑,可以考虑构建机构内部的私有云。通过建立私有云,信息部门可以简化应用计算的交付,降低运用成本、提高应用灵活性。不仅如此,通过私有云的构建,医保部门也可以有效地解决机构的安全性问题。信息数据通过机构的内部网进行传输,在内部的服务器上进行计算处理,并保存在内部的储存服务器上,也就是说,私有云能够保证医保信息中心对信息和数据进行完全的控制。

二、公共云

公共云,是指为外部客户提供服务的云,它所有的服务是供别人使用,而不是自己用。目前,典型的公共云有微软的 Windows Azure Platform、亚马逊的 AWS、Salesforce. com,以及国内的阿里巴巴、用友伟库等。

对于使用者而言,公共云的最大优点是,其所应用的程序、服务及相关数据都存放在公共云的提供者处,自己无需做相应的投资和建设。然而最大的问题也在于此。由于数据并没有存储在自己的数据中心内部,其安全性存在一定风险。同时,公共云的可用性不受使用者控制,这方面也存在一定的不确定性。

与私有云相比,公共云是由第三方供应商提供,并且是通过互联网技术向指定的客户提供服务。医保信息中心可以共享公共云提供的 IT 服务,这为基于云计算的医保云系统平台的应用整合奠定了良好的基础。

这里主要是通过公共云的提供方和使用方来进行分析。

1. 公共云的提供方

公共云提供者拥有基于云计算服务的技术优势、人才优势,能够为信息技术的解决方案提供意见,帮助医保信息中心有效地解决信息化建设中的常见问题,利用信息技术的发展促进医保行业的发展。

2. 公共云的使用方

医保信息中心通过公共云获得需要的信息技术服务,这样可以拥有云计算提供的所有优势,例如信息技术资金投入少、风险低、即买即用、即租即用等。但是同时也存在一些不足的地方。基础资源虽然由市级医保信息中心保管,但同时在实际操作中也由第三方供应商保管,县、市两级医保信息中心无法控制云计算服务的稳定性和可靠性;同时,由于双方传输的数据比较敏感,数据的安全性问题也会遭到质疑。因此,基于公共云建立的医保信息系统,医保机构应该把最为核心的数据、信息、业务进行加密保存和传输,同时加强公共云中的数据保护。由于医保信息中心向上传递的信息往往具有较强的隐私性和保密性,在公共云开发上,确保信息的安全性是建设的重点之一。

三、混合云

混合云是公有云和私有云两种服务方式的结合。由于安全和控制原因,并非所有的企业信息都能放置在公有云上,这样大部分已经应用云计算的企业将会使用混合云模式。很多将选择同时使用公有云和私有云,有一些也会同时建立公众云。

在混合云中,私有云和公有云并不是各自为政,而是两者同时协调工作:在私有云里实现利用存储、数据库和服务处理,同时,在无须购买额外硬件的情况下,在需求高峰期充分利用共有云来完成数据处理需求。目前,已经有很多企业都朝着这种集中云(cloud-bursting)的架构发展,同时这也是实现利益最大化的关键。

因为公有云只会向你使用的资源收费,所以集中云将会变成处理需求高峰的一个非常便宜的方式。比如对一些零售商来说,他们的操作需求会随着假日的到来而剧增,或者是有些业务会有季节性的上扬。

同时混合云也为其他目的的弹性需求提供了一个很好的基础,比如,灾难恢复。这意味着私有云把共有云作为灾难转移的平台,并在需要的时候去使用它。这是一个极具成本效应的理念。另一个好的理念是,使用共有云作为一个选择性的平台,同时选择其他的共有云作为灾难转移平台。

很多运营商目前多数部署云计算采取的都是混合云的模式。

8.2.3 应用层设计

基础设施层从本质上讲,就是为信息系统提供相应的硬件设施,类似于一台没有安装任何软件的计算机裸机,本身并不能为人们提供所需的服务。为了能够对外提供有效的服务,发挥出云计算应用平台的技术优势,就必须在基础设施层上建立起满足各级医保经办机构应用的软件。在云计算平台总体架构中,这个过程就是应用层设计,我们将软件应用的集合放入到应用层,进行统一的维护管理。

首先,用户希望在云计算服务平台中进行软件的开发和运行,这就要求云计算平台提供相应的运行环境。操作环境应满足服务定义、服务管理和服务调用三个方面的要求。运行环境支持服务定义,这就使得各县级医保中心能够通过服务的定义来满足不同业务的需求。运行环境支持服务管理,提供对服务的组装、编排、监控等等,这样就满足了不同县区医保信息中心对特定业务流程的定义。运行环境支持服务调用,为上下级医保信息中心的服务调用提供统一的接口,这就方便了用户使用云中的各种服务。

面向服务基础架构(service-oriented architecture,简称 SOA)基本满足了上述云计算服务生命周期中的所有需求。下文将会对其进行分析。

一、SOA 与云计算

SOA 基础架构的风格是将类似的业务转换成一组相互关联的服务或者可以重复利用的业务,在业务被利用时通过互联网来访问这些服务和业务。我们所说的互联网可以是本地的局域网、也可以是因特网,通过采用不同的技术,SOA 架构可以对这些服务进行有效的整合,来完成特定的业务需求,这就使得不同县区的医保业务模式能够找到适合自身应用的模块。

SOA 架构强调的是服务第一位,业务与信息技术关联,为灵活性而构建的思想,这些都能很好地帮助解决不同县区不同医保政策下衍生的种种问题,以此满足各县区不同的业务需求和业务流程。在复杂的信息交互情势下,云计算还没有更好的软件架构来支撑,而 SOA 架构拥有成熟的服务管理技术,其提出的服务管理的相关概念可以弥补云计算这方面的不足。

二、定义层设计

服务定义的功能主要是为用户提供云计算平台中服务的定义,它包含两层含义,首先,为不同地区医保中心的目标和战略规划进行服务设计;第二,从应用程序的开发角度来说,支持应用服务的设计与开发,达到具体服务的实现。

三、管理层设计

服务管理主要提供组装服务所需的流程编排服务、统一的事件支持,以及相关的规则服务、任务调度、选择器等。服务管理层提供的服务不仅可以支撑系统内部的服务集成,同时也可以以应用程序编程接口(Application Programming Interface,简称 API)或者 Web Service 的方式供外部应用程序进行调用,例如服务编排和规则服务等,在此基础上,云计算平台可以为用户提供更多可以选择的服务。

四、调用层设计

调用层专门提供用户使用的服务。该层主要提供的服务很多,主要包括:支持开发人员在云计算平台中开发的运行环境和工具,如软件开发工具包(Software Development Kit,简称 SDK);也可以提供给外部调用的 Web Service;以及平台提供的一些个性化软件服务。

SDK 提供在云计算服务平台上开发的软件工具,类似于传统系统开发中的应用程序接口,但是这里所说的 SDK 是经过深度定制的,是为了提供符合云计算服务平台架构的应用服务接口。SDK 的提供,主要目的是满足各地医保信息中心对信息技术发展的个性化需求。

8.2.4 服务提供层设计

一、服务提供方式

云计算作为一种全新的商业模式,通过信息技术即服务的方式提供给用户进行使用。信息技术即服务可以分为三种方式:基础设施即服务、平台即服务和软件即服务。

各地医保信息中心对信息系统的要求是各种各样、灵活多变的,云计算提供的信息技术即服务的方式能够在不同的应用级别上满足机构不同的应用需求。基础设施即服务为用户提供一定的基础设施,支撑系统运行平台中的应用程序开发,这样满足了各地医保信息中心对硬件设施的基本要求。平台即服务为用户提供服务应用的可运行环境,用来支撑医保信息中心在云计算平台中的后续开发使用,这样使平台的适应性更强。软件即服务是比较核心的一层,它主要提供支撑系统运行的一类软件,使得医保信息中心能够较快的获得软件的交付,通过较少的信息技术的投入获得更加专业的软件服务。

在信息技术即服务模式下,服务供应商通过互联网向市、县级医保信息中心提供软硬件服务,以及各种咨询服务等。市级医保信息中心根据县级地区的实际情况购买或者租用云计算中心的各种服务,并按照订购服务的数量、大小、时间的长短向供应商支付相关费用。在这种方式下,医保信息中心不需要对软件进行维护、管理,对软件的维护管理和升级都是由云计算供应商来负责,大大减少了医保部门维护管理的工作量和资金。

由于云计算服务平台是以服务的形式来提供信息技术的资源,这就需要使用一定的协议来对服务进行规范管理。目前采用服务等级协议(Service Level Agreement,简称 SLA)来实现对服务的这种约束。SLA 协议是服务供应商和客户两者之间的一个正式合同,用来保证可计量的网络性能达到所定义的品质。SLA 可以非常笼统或者极度详细,它一般都包含出现故障时服务提供者和客户应采取的步骤。服务提供者保证它提供的服务在一定百分比的时间内(例如 99.9%)是可用的。

经过以上分析,我们认为用户使用云计算中的服务可以通过下面的流程进行(如图 8-6 所示):

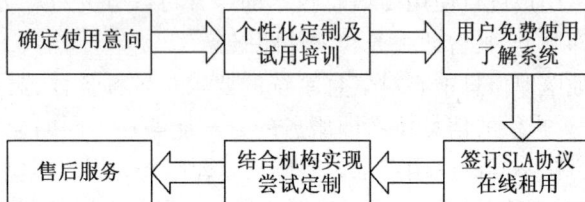

图 8-6　云计算服务使用流程

二、用户交互

一般情况下,县级医保信息中心可以通过 Web 浏览器使用"云"中的服务。但对于复杂的应用而言,简单的网页可能难以满足云计算的需求,这就对前台客户端的交互性提出了新的需求。为了满足这种需求,我们可以发布自定义的客户端,这种客户端兼具浏览器的功能,同时又能提供云计算平台的服务的支持。如谷歌的 Chrome 浏览器,这种专属浏览器可以集成为与云计算平台相关的服务。

8.3　运用 SWOT 分析"基于云计算的医保云系统"方案

下文将采用 SWOT 分析工具,对实施"基于云计算的医保云系统"的方案进行分析。SWOT 分析法又称为态势分析法,由旧金山大学的管理学教授于 20 世纪 80 年代初提出,是一种企业战略的分析方法,即根据企业自身的既定内在条件进行分析,找出企业的优势、劣势及核心竞争力之所在。其中,S 代表优势(strength),W 代表弱势(weakness),O 代表机会(opportunity),T 代表威胁(threat),其中,优势和劣势属于内部因素,机会和威胁属于外部因素。

按照企业竞争战略的完整概念,战略应是一个企业"能够做的"(即组织的强项和弱项)和"可能做的"(即环境的机会和威胁)之间的有机组合。通过对被分析对象的优势、劣势、机会和威胁等加以综合评估与分析得出结论,通过内部资源、外部环境有机结合来清晰地确定被分析对象的资源优势和缺陷,了解所面临的机会和挑战,从而在战略与战术两个层面调整方法、资源以保障被分析对象的实行以达到所要实现的目标。

8.3.1　SWOT 分析的作用

SWOT 分析的作用在于能够了解企业的外在环境因素、内在环境因素、企业未来发展方向和能向何处发展,如表 8 - 1 所示:

表 8 - 1　SWOT 分析的作用与目的

SWOT 分析	目的	具体问题
S——优势	了解企业有关的外在环境因素	擅长什么? 组织有什么新技术? 能做什么别人做不到的? 和别人有什么不同的? 顾客为什么来? 最近因何成功?
W——劣势	了解企业本身的内在环境因素	什么做不来? 缺乏什么技术? 别人有什么比我们好? 不能够满足何种顾客? 最近因何失败?

SWOT分析	目的	具体问题
O——机会	企业应该走向何处	市场中有什么适合我们的机会？ 可以学什么技术？ 可以提供什么新的技术/服务？ 可以吸引什么新的顾客？ 怎样可以与众不同？ 组织在5～10年内的发展？
T——威胁	企业能向何处发展	市场最近有什么改变？ 竞争者最近在做什么？ 是否赶不上顾客需求的改变？ 政经环境改变是否会伤害企业？ 是否有什么事可能会威胁到企业的生存？

8.3.2 SWOT分析步骤及可行战略

SWOT的分析步骤总共为四步，在基本分析步骤完成后，我们可以将不同的优势、劣势、威胁、弱点互相组合，形成四种企业战略。SWOT分析基本步骤为：

第一，分析企业的内部优势、弱点，既可以是相对企业目标而言的，也可以是相对竞争对手而言的。

第二，分析企业面临的外部机会与威胁，可能来自于与竞争无关的外环境因素的变化，也可能来自于竞争对手力量与因素的变化，或二者兼有，但关键性的外部机会与威胁应予以确认。

第三，将外部机会和威胁与企业内部优势和弱点进行匹配，形成可行的战略。

将优势、劣势、威胁、弱点互相组合，能够形成四种不同类型的组合，分别为"SO组合（优势—机会组合）"、"WO组合（劣势—机会组合）"、"ST组合（优势—威胁组合）"和"WT组合（劣势—威胁组合）"。

1. SO组合（优势—机会组合）

这种战略是一种发展企业内部优势与利用外部机会相结合的战略，也是最为理想的一种战略模式。当企业具有某种特定方面的优势，而外部环境又为发挥这种优势提供有利机会时，可以采取该战略。例如具有良好的产品市场前景，企业供应商规模扩大，或者竞争对手有财务危机等这些外部条件具备时，配以企业市场份额提高等内在优势，可以成为企业收购竞争对手、扩大生产规模的有利条件。

2. WO 组合（劣势—机会组合）

WO 战略是利用外部机会来弥补内部弱点，使企业扭转劣势而获取优势的战略。企业存在着外部机会，但由于企业自身的内部弱点而妨碍其利用外部机会，此时，需要采取措施先克服这些弱点。例如，若企业弱点是原材料供应不足和生产能力较低，从成本角度看，前者会导致开工不足、生产能力闲置、单位成本上升，而加班加点会导致附加费用的增加。在产品市场前景看好的前提下，企业可利用供应商扩大规模、新技术设备降价、竞争对手财务危机等机会，实现纵向整合战略，重构企业价值链，以保证原材料供应，同时可考虑购置生产线来克服生产能力不足及设备老化等缺点。通过克服这些弱点，企业可能进一步利用各种外部机会，降低成本，取得成本优势，最终赢得竞争优势。

3. ST 组合（优势—威胁组合）

ST 战略是指企业利用自身优势，回避或减轻外部威胁所造成的影响。如竞争对手利用新技术大幅度降低成本，给企业造成了很大的成本压力；同时材料供应紧张，原材料价格可能上涨；消费者要求大幅度提高产品质量；企业还要支付高额环保成本等等，这些都会导致企业成本状况进一步恶化，使之在竞争中处于非常不利的地位。但如果企业拥有充足的现金、熟练的技术工人和较强的产品开发能力，便可利用这些优势开发新工艺，简化生产工艺过程，提高原材料利用率，从而降低材料消耗和生产成本。另外，开发新技术产品也是企业可选择的战略。新技术、新材料和新工艺的开发与应用是最具潜力的成本降低措施,同时也可以提高产品质量,从而回避外部威胁的影响。

4. WT 组合(劣势—威胁组合)

WT 战略是一种旨在减少内部弱点,回避外部环境威胁的防御性技术。当企业存在内忧外患时,往往面临生存危机,降低成本成为了改变劣势的主要措施。当企业成本状况恶化,原材料供应不足,生产能力不够,无法实现规模效益,且设备老化,使企业在成本方面难以有大作为,这时将迫使企业采取目标聚集战略或差异化战略,以回避成本方面的劣势,并回避成本原因带来的威胁。

8.3.3 基于云计算的医保云系统的优势(S)

在本节,我们对采用"云计算"建立的医保云系统的优势(S)、劣势(W)、机会(O)、威胁(T)分别进行了分析,确定医保云系统建立后会面临的各项资源优势和缺陷,了解所面临的机会和挑战,使得政府部门能够在战略与战术两个层面加以调整,以达到所要实现的目标。

一、云计算降低了医保信息化建设中巨大的硬件成本

对于已建立起县级统筹的医保信息系统来说,无论是普通的业务经办,还是更高层次的网络管理(如对管理流程进行监控、管理,对现有的业务使用情况进行审计,对业务系统进行自我分析评估)等,都必须花费巨大的开支来购置硬件设备。现代信息技术的快速发展致使硬件设备更新换代周期越来越短,如果仍然遵循传统的医疗保险信息系统建设思路,对硬件系统的计算能力要求不可避免地将会越来越高,由此而来的是不断补充新的硬件设备,而硬件设备采购也就成了没有尽头的无底洞。不仅如此,随着硬件设备的增多,从事硬件系统管理维护的员工数量也需要相应增加,给各县区的专业人才队伍的建设及人员编制都带来一定压力。云计算的优点在于解放了硬件配置对计算能力的限制,各县区可以

使用云计算数据中心分配的存储和计算资源,本县区不必采购高配置的硬件设备,以后也不需要关注设备的更新换代,对硬件设备的投入将大大降低。

二、云计算提高了信息技术基础设施共享水平

目前,县级统筹下的医保信息系统建设各自为政,情况较为复杂,由于建设初期未能完全考虑到向上统筹的需求,在统一规划和长远目标上受限,造成了市级统筹面临着如何将这些独立分散的资源进行整合以及市级信息系统平台如何与其无缝对接的问题。这些问题造成市县之间的信息不能有效共享,严重影响了业务工作基于网络的开展,信息化建设的作用没有得到有效体现。而云计算对基础设施进行了统一的配置管理,将运算器、存储器、信息系统平台等资源整合在一起,形成一个统一的资源池,并根据负载需要来分配资源,实现负载均衡,资源通过网络可以方便地为县级工作人员提供服务。这种集中管理、平衡资源的方式将有效消除信息技术资源独立分散造成的资源紧张、资源闲置、资源浪费,使信息技术基础设施得到充分利用。

三、云计算为县级单位提供了安全的数据存储服务

计算机病毒和木马是业务工作中的阴影,个人电脑、服务器等设备中存储的数据常常都有损坏、消失或被窃取的威胁。各地建立容灾备份系统、安装防毒软件等可以降低潜在的风险,但即便如此,也无法避免医保相关重要数据面临本地存储遭破坏的威胁。而基于云计算的医保信息系统,其云计算数据中心提供虚拟存储服务,使县级工作人员不再需要将重要数据存储在本地,凭借身份认证方式可以随时进入数据中心存取重要数据,这样既不用担心自己的存储设备损坏导致数据消失,也不用担心病毒、木马入侵将数据破坏或窃取,数据安全工作将由云计算的文件数据分块及副本备份策略来保障。云技术中的自动备份存储数据的功能,能够将数据的安全风险分散到广大的云网络服务器中,对病毒、木马进行更精准严密的查杀。

四、云计算改善了应用软件的使用方式

县级的服务器和工作人员的个人电脑都必须安装大量的应用软件才能满足工作需要,这造成了硬件设备巨大的使用负担,导致系统的使用效率低下。随着应用软件更新速度的加快,软件对硬件的要求不断增高,原有的计算机也不得不面临被淘汰的命运,这种应用软件使用的方式越来越不适应业务工作的需要。云计算能够为用户提供在线使用应用软件的功能,也可以将部分应用软件安装在云端,不再需要费时费力地为所有计算机安装所有需要使用的软件,减轻了终端计算机的压力。而软件版本的更新和授权问题也可以统统交给上一级医保云系统的信息平台提供技术支持。

8.3.4 基于云计算的医保云系统的劣势(W)

一、技术开发的问题

建立一个云计算系统是一项技术性的挑战。云计算系统不仅仅需涵盖医疗保险信息化的基础业务,而且,它还需针对不同县区的政策特点,提供相似又各具特色的服务,信息处理量也相当大。在硬件方面,需购买或征集数百或数千台个人电脑或服务器,将它们连在一起进行管理。同时,技术性方面还存在一个可维护问题,云计算平台需要有效地处理各种软硬件维护需求,从而有效地降低各种软件硬件维护对云计算服务的可用性造成的影响。这一切,都需要较为纯熟的技术和大量的资源做支撑。

二、数据安全问题

在享受云计算带来的便利的同时,不可避免地会对云计算环境的数据安全问题产生怀疑,即云计算数据中心的技术条件能否保证医保重要数据的完好保存、数据中心的工作人员会否将涉密数据窃取泄露的问题。为解决有关数据安全问题的疑惑,数据中心一方面需要从技术上保障数据安全,由专业的技术人员对数据进行统一管理、全面监控;另一方面需要制定完善相关规章制度,明确涉密数据的管理责任;此外,要对访问数据中心的用户进行强

身份认证,保证该用户不能访问其权限之外的信息。当然,有计划地进行云系统的安全风险评估也是必要的选择。

三、网络质量问题

由于云计算是客户端性能最小化、在云计算网络中完成的高效信息处理,这对云计算集群服务器的性能有较高的要求,同时,网络中的通信设施必须是高性能的,才能保证云计算的服务高质量地传给有需要的县级部门。因此在构建云计算服务平台时,一定要保证网络硬件,特别是通信设施能够稳定持久地支持高带宽高质量信息传输。

四、专业人才队伍的建设问题

云计算业务系统的开发毕竟是新兴产业,如何顺利建立、投入运行,仍面临正常维护和二次开发的问题,这是一项伴随系统整个使用过程的长久性工作。虽说在系统的维护和升级上主要依靠签约的信息技术的公司来完成,但信息中心内部还是需要培养一支具备过硬技术能力的骨干队伍以作支持。

五、计费模式的问题

云计算信息中心将购置庞大的服务器集群来提供给各县区使用,存储资源和计算资源又采用按需分配的方式,这都需要花费大量经费和精力来建设维护,基础架构成本高,因此要考虑收费问题。这个收费问题主要集中于上一级医保信息中心与系统合作开发公司之间的谈判协议。

8.3.5 基于云计算的医保云系统的机遇(O)

机遇是指云计算在我国市场上所面临的外部机会。我们能够看到,近几年来,国内地方政府逐步涉入云系统开发领域,并取得一定成绩。2008 年年初,无锡市政府与 IBM 公司合作,在无锡软件园建立了全球首个商用云计算中心。2008 年 7 月份瑞星推出了"云全"计划,瑞星计划将用户和瑞星技术平台通过互联网紧密相连,组成一个庞大的木马和恶意软件监测、查杀网络。2008 年

11月,广东电子工业研究院在东莞投资 2 亿元建立国内第一个"云计算"平台。2009 年 5 月,微软与杭州市政府签订战略合作备忘录,约定将联合建立微软(杭州)云计算中心。2009 年 7 月,基于云计算技术的"盘古天地软件服务创新孵化平台"在无锡(国家)软件园投入运营。

2009 年 8 月,我国华南地区第一个云计算中心在广东省南海宣布成立,为当地的软件、数字设计、动漫等中小企业和创业团队提供服务。2009 年 9 月,山东东营市政府与 IBM 公司签署了"黄河三角洲云计算中心战略合作协议",打造"石油之城、数字之城和生态之城"。2009 年 10 月北京市计算中心、Platform 公司宣布双方达成战略合作,定位于工业计算,支持北京市区域经济发展的第一个公共云计算平台诞生。2010 年 1 月,山东省经济和信息化委员会组织省科学院、各软件产业园区以及国内外著名 IT 服务商,启动云计算平台建设工作,重点面向各软件产业园区提供公共开发平台和技术服务,面向行业、企业、政府、高校和科研机构需求,提供软、硬件租赁、计算能力和信息化服务,面向物联网产业提供支撑服务,培植新的商业服务模式,带动新兴服务业发展。从以上不难看出,云系统的建设为政府所青睐,并且得到政府在政策和资金上的支持。

2011 年 9 月,人力资源和社会保障部颁布的《关于印发人力资源和社会保障信息化建设"十二五"规划的通知》(人社部发〔2011〕99 号)中提出"下一代互联网(IPv6)、物联网、云计算等信息技术愈发成熟,相关产业正在形成,为信息化建设营造了良好技术环境"。云计算第一次在社会保障信息化建设的政府文件中提及,其重要性可见一斑,国内也已经有一部分学者对云计算在医疗信息化中的应用进行相关的理论研究。这为我们进一步探索医保信息化与云计算之间的关系提供了条件。

8.3.6 基于云计算的医保云系统的威胁(T)

医保云系统的外部威胁主要体现在系统的开发与合作的问题

上。中国目前所进行的云系统的开发,都还处于起步阶段。在选择合适的公司做协作拍档的同时,如何限制和保证彼此的权利和利益,成为系统开发的重要问题之一。

在促进医疗保险领域信息化工作更加规范化、标准化的今天,云系统是否能通过科学的评估和认证,不同的公司在云系统的开发上标准不一,如何选择适合医保云系统开发的标准和公司,也是系统开发所要解决的问题。

现在比较尴尬的局面是,真正开始投入使用的云平台都集中在美国少数几家大公司,云平台的技术垄断显而易见。然而为了保证系统的安全和保密性,医保中心在选择时往往会倾向于国产品牌。因此,国内的运营商是否有足够的实力承担起庞大的医保信息体系的建设,也是系统所面临的威胁之一。

在选择长期的信息技术合作伙伴上,医保部门还需要考虑的问题有:是否为专门从事医保系统开发的公司? 相对人才投入是否合理? 软件是否产品化? 用户评价如何? 是否有专门的服务、技术培训、长期的跟踪维护服务?

表8-2显示了运用SWOT方法对云计算的医保云系统方案的分析结果。

表8-2 云计算的医疗保险云系统方案的SWOT分析

S(优势)	W(劣势)
1. 降低医保信息化建设中巨大的硬件成本 2. 提高IT基础设施共享水平 3. 为县级单位提供安全的数据存储服务 4. 改善应用软件的使用方式	1. 技术性问题 2. 数据安全问题 3. 网络质量问题 4. 专业人才队伍的建设问题 5. 计费模式的问题
O(机会)	T(威胁)
国内地方政府逐步涉入云系统开发领域,并取得一定成绩	系统开发与合作问题

第 9 章　医保信息系统评价指标设计

一个地区的医保信息系统效果如何,是衡量和改善医保信息系统的重要依据,本章依据金保工程中对医保信息系统的具体要求,以及医保信息系统所应达到的实际功能,设计了一套评价医保信息系统的指标体系,并进行了相应的实证分析。

9.1　评价指标设计原则

一般来说,在设计评价指标体系时,通常考虑以下五个原则:

1. 导向性。指标选择应能体现政策取向,反映实践证明是成功的做法。评价目的不仅在于描述现状,更重要的是体现医保信息化发展的层次和水平,有利于改进现状,保证医保信息化沿着预期的方向健康发展。

2. 简洁性。评价指标宜简不宜繁,关键在于指标的效度。指标内容繁简适中,在保证评价结果客观的前提下,去掉一些对结果影响甚微的内容,尽可能简化。

3. 差异性。每个指标要内涵清晰、相对独立、具有明显的差异性。同级指标应尽量不重叠,相关度小,不存在因果关系。

4. 可行性。指标应符合医保信息化的实际水平,有稳定的数据来源,易于操作,且具有可测量性。指标范围要小,不涉及过多相关知识,应确保被选择的评价指标简单、实用,评价结果他人可以按照同样的标准验证。

5. 开放性。开放性又称为前瞻性或可扩充性,它要求既要考虑到目前的社会实践和技术水平,也要对未来的发展趋势有所预见,使指标体系能够根据科学技术的发展以及社会实践的变化而不断进行扩充和完善。

9.2 评价指标设计类型

一、主观指标与客观指标

主观指标俗称"软指标"或"定性指标",反映人们对评估对象的意见、看法、期望值和满意度,是心理量值的反映。由于对同样的事实现象,人们的心理需求、价值尺度、满意程度会有很大差异,因此,完全使用主观指标构建指标体系是不适宜的。

客观指标又称"硬指标"或"定量指标",反映客观事实,有确定的数量属性,只要事实清楚,原始数据真实完整,指标统计结果就具有客观上的确定性,不同对象之间就具有明确的可比性。由于医保信息化的服务对象是社会公众,他们的需求、愿望和满意度都是非常重要的主观指标,人民群众的主观需求、愿望、动机是确定政府工作目标和重点任务的前提,也是政府评价医保信息化的标准。因此,医保信息化评估不可能完全使用客观指标,然而,由于主观指标具有模糊性、不确定性和缺乏可比性,因此在医保信息化评估指标体系设计中,应当尽量使用客观指标,加大客观指标在总分结构中的权重,对主观指标可以相对"硬化",即划分若干等级如满意、比较满意、不满意,并换算成相应分数。

二、投入指标、过程指标与产出指标

如果把医保信息化建设当作一项基础性的重点工程,就会形成投入指标、过程指标和产出指标。比如,将医保信息化建设的人力财力投入视为投入指标,医保信息化的进展状况即为过程指标,医保信息化的实施实绩即为产出指标。一般来说,投入指标状况如何,是过程指标和产出指标状况的必要条件,但不能认为有了投入,就一定有立竿见影的产出。医保信息化评估应当对医保信息化建设的投入指标、过程指标和产出指标都要兼顾。

三、肯定型指标与否定型指标

肯定型指标又称"正指标",反映医保信息化的成绩和进步,比如社会公众对医保信息化政府工作的满意度,统计数据越大说明成绩越显著;否定型指标又称"逆指标",反映医保信息化建设中存在的问题和消极面,如从未使用过电脑的公务员人数,统计数据越小说明医保信息化建设越有成效。医保信息化评估指标体系大多数是肯定型指标,但有必要设置一定数量的否定型指标,从正反两方面综合评估医保信息化建设。

四、感觉型指标和非感觉型指标

感觉型指标反映的是人们对客观现象的感受,它表现为心理状态、情绪、态度、意向、满意程度等。非感觉型指标只是客观地反映社会现象。前者的测量需要通过心理测量、态度量表等特殊方式。因此,要想正确地评价医保信息化,不仅应当掌握非感觉型指标也要掌握感觉型指标,离开这些,单纯地凭借一些数据很难真实地反映出公众对医保信息化的满意度。

9.3 医保信息系统评价指标体系

根据金保工程的相关要求以及我国医疗保险信息系统的最终目标,我们设计了《医保信息系统评价指标体系》,包括4个一级指标、7个二级指标、70个三级指标,涉及各地区医保信息系统的机房建设、数据库建设、网络管理、网络连接、网络互联、医保用卡、公共服务建设等方面,具体指标体系如图9-1所示。

9.3.1 一级指标的确定

医保信息系统数据中心建设评估的一级指标设为:数据中心建设、网络建设、医疗保险用卡、公共服务建设。这四部分构成了

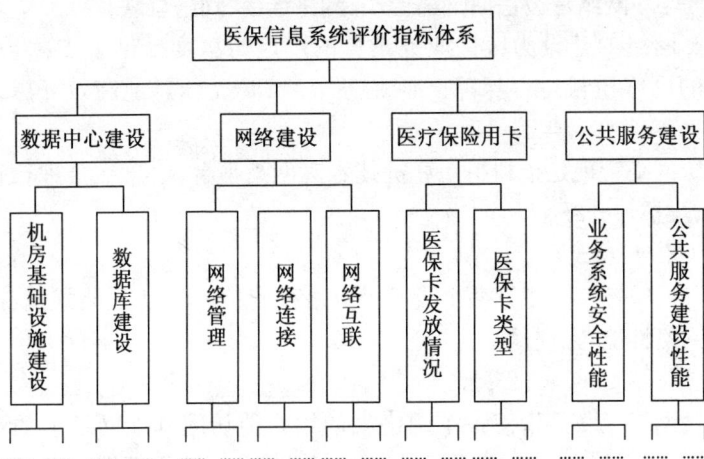

图9-1 医保信息系统评价指标体系框架图

医保信息系统的全貌,只有这四部分成功实施才能够确保医保信息系统成功。

9.3.2 二级指标的确定

一、数据中心建设包括机房基础设施建设、数据库建设

1. 机房基础设施的建设

机房基础设施的建设是最根本的硬件建设,只有性能出色的硬件才能够保障高效准确的业务处理,同时减少处理过程中发生的异常事件。机房的环境保障着机房的安全,只有在达到标准的环境下工作,机房中的各个设备才能在最优的状态下工作,并且降低发生事故的可能性。

2. 数据库的建设

数据库的建设对于拥有庞大数据源的社会保障领域来说非常重要,正是利用数据库对庞大复杂的信息进行管理才能使医保信息系统的各项业务顺利开展。

二、网络建设包括网络管理、网络连接、网络互联

网络的建设为医保业务延伸的广度与深度提供了支撑,出色的网络质量可以保障医保业务"7×24"无休息地高效开展。

1. 网络管理

网络管理是指利用计算机技术对网络平台、信息平台进行管理、维护与升级。

2. 网络连接

网络连接是指把两个或多个网络互连起来,扩大网络规模,提高网络性能,方便网络应用。

3. 网络互联

网络互联是指使一个网络上的用户能访问其他网络上的资源,不同网络上的用户互相通信和交换信息。这不仅有利于资源共享,也可以从整体上提高网络的可靠性。这些均对医保信息系统的高效运行提出了更高的要求。

三、医疗保险用卡即为医疗保险用卡的发放和使用情况

医疗保险用卡的普及标志着一直由地方各自为政的社会保障体系有了全国统一性的基础,为今后所有社会成员享有统一的社保服务提供了可能。例如根据人社部发〔2011〕47 号文《关于印发"中华人民共和国社会保障卡"管理办法的通知》,A 省要求建立全省统一发行的社会保障卡管理服务体系,加快发行和推广应用全国统一标准的社会保障卡,要求在"十二五"期间全省社会保障卡持卡人数达 490 万人,覆盖城镇人口的 80%,乡村人口的 40%。

四、公共服务建设

公共服务建设即为公共服务的内容及完善程度,推进网站作为公众平台的服务功能。

具体指标体系的设计如表 9-1 所示。

表 9 - 1　医疗保险信息系统评价指标体系

一级指标	二级指标	三级指标
数据中心建设	机房基础设施建设	每天服务器工作时间
		机房管理员的台式计算机每天工作时间
		机房面积
		是否符合机房建设的相关规定
		应用服务器内存
		应用服务器 CPU 主频
		应用服务器支持最大并发数
		数据库服务器存储
		前置服务器做数据接口,支持业务的数据格式是否完全符合标准
		操作人员每天查询系统次数
		有无发生过异常情况(此处异常情况是指硬件出现的异常情况,比如电压过高、负载过大、系统进程占用资源过多的情况),是否能自我保护?
		您认为,本地的医保信息系统是否能满足 2~3 年内业务扩展的需要(如医保覆盖范围增加、系统使用人员增加、实施异地就医、人员关系转续等)
		机房是否恒温
		机房是否恒湿
		机房是否防尘
		机房是否防雷
		机房是否防静电
		机房是否防水
		机房是否有气体消防
		是否有双服务器
		是否设置了出入门禁系统
		是否有门禁系统的管理记录

一级指标	二级指标	三级指标
	数据库建设	每天服务器工作时间
		系统服务的医疗保险的参保人员数
		系统开发是基于何种数据库（例如 Oracle、sybase 等）
		是否将医保信息系统进行五险合一，建立了统一的人力资源和劳动保障业务的资源数据库
		是否设立了生产（业务）、数据交换、宏观决策（管理）三个数据区
		数据中心是否涵盖本级和所有区县数据
		数据中心是否具有及时、在线的查询功能
		数据中心是否采取了安全防护措施
		是否建立了相应的容灾备份系统
		容灾备份系统的实时性如何
		目前的医保信息系统是否包含城镇居民医疗保险信息
		是否有将居民医保纳入医保信息系统的计划
		本地的医保信息系统是否包含了新农合保险信息
		是否知道某某省有自己的三大目录的数据库标准
		目前本地的三大目录库的数据标准是什么
		目前与某某省的数据库标准不一致的有哪些
		与某某省数据库标准不一致的原因是什么
网络建设情况	网络管理情况	是否能对现有的管理流程进行监控和管理
		是否能对现有的业务使用情况进行审计
		是否建立了业务系统自我分析评价的功能（比如预警系统、专家评价模块等）

续表

一级指标	二级指标	三级指标
	网络连接情况	网络采取的拓扑结构
		业务系统的体系架构
		采用的网络运营商(可多选)
		网络连接类型
		互联网络带宽(独立局域网不涉及该项)
		您认为,是否需要在网络运营商处购买专网来专供医保信息系统使用
	网络互联情况	是否与上级数据中心建立了联网
		是否将联网工作纳入议事日程
		是否有实现的具体时间安排表
		是否能够进行数据上传
		数据上传的接口方式是什么
		已经实现联网的药店有多少家
		已经实现联网的定点医疗机构有多少家
医疗保险用卡	医疗保险用卡情况	是否发放了符合人社部标准和要求的 IC 卡
		IC 卡的使用范围
		卡芯片类型
		如何设置个人身份识别
		在使用 IC 卡时,您认为最大的问题是什么
公共服务建设	公共服务建设	参保人员是否能在网站上查询到最新的相关缴费记录和其他信息
		参保人员是否能进行网上投诉与答复
		业务系统是否安装了防病毒软件
		业务系统是否定期升级更新病毒库
		业务系统是否有安全防火墙

一级 指标	二级 指标	三级指标
		业务系统是否有入侵检测系统
		业务系统是否有流量监测系统
		是否建设独立的局域网,进行物理阻断
		是否能够和其他网络相连接
		是否对个人隐私采取保密措施

第 10 章　A 省医保信息系统情况调研

　　为了深入了解现行的医保信息系统的建设发展情况,项目组对 A 省医疗保险信息系统进行了实地调研,利用医保信息系统评价指标体系对 A 省的信息系统建设情况进行了评价。评价包括数据中心建设、网络建设、医疗保险用卡、公共服务建设等方面的内容,并在此基础上对 A 省医保信息系统实现市级统筹、全面融入金保工程提出相应的政策建议。

10.1　A 省医疗保险信息系统简介

　　A 省的各地区在 2000 年后陆续开始建立医疗保险信息系统。由于初期医疗保险管理为县级统筹,因此在医保信息系统开发初期也都是以县为统筹单位进行软件系统开发,这导致了各地区在医保信息系统建设的技术上、管理方式上、数据编码上均没有统一的模式,各异构厂商系统之间不能互联互通,各地市之间乃至同一地市内各县区之间系统建设发展不平衡,不同统筹地区间医保数据还是一座座"信息孤岛"。而医保信息系统建设较其他险种而言,更加复杂,涉及范围广,信息量十分庞大,对系统性能要求也高。这使得建立省、市的医疗保险统一数据结构、统一平台的难度大大增加。

　　2002 年 8 月,中央出台了《中共中央办公厅国务院办公厅关于转发〈国家信息化领导小组关于我国电子政务建设指导意见〉的通知》(中办发〔2002〕17 号),全面启动金保工程。金保工程要求在全国范围内建立一个统一、高效、简便、实用的劳动和社会保障信息系统,包含养老保险、医疗保险、失业保险、工伤保险、生育保险等五个部分。根据金保工程的要求,A省开始在全省范围内全面建立以市级统筹为目标的医保信息系统。

截至2010年年底,A省中经济较不发达的五个地级市由全省统一配备了硬件和开发软件,基本实现地市一级建立医保信息系统,县级市、区等不再单独设立医保信息系统,县市系统以报表或其他形式将医保数据上传至市级系统。而省内经济较为发达的其他县市,由于财政预算相对宽裕,很早便在县区一级建立了医保信息系统。建立初期,县级系统投入了较多的人力财力,开发了性能较为完善的医保信息系统,并运行了相当长一段时间,各管理部门也较为熟悉,因此不愿意放弃现有的、较为完善和熟悉的系统,使得医保信息系统市级统筹难度加大。同时,各地区已建立的信息系统之间数据编码规则及结构各异,使得县区级医保信息系统数据向市级统一和集中难以实现。因此经济较发达的各地区目前仍然以县级为统筹单位,信息系统也是各自为政,较为复杂。

10.2　A省医保信息系统调查结果分析

A省医疗保险信息系统调查问卷下发至该省所属的所有地市以及地市级所属县、区等地,调查范围覆盖省内的北部、中部及南部,数据代表性良好。调查中共回收有效问卷28份,通过对回收的问卷进行统计分析,调查结果如下:

10.2.1　数据中心建设方面

一、机房基础设施建设情况分析

1. 机房条件设施:部分地区不符合机房建设硬件环境,数据安全存在隐患

为了考察各地所建设的医保信息系统机房设施状况,调查问卷中设置了"每天服务器工作时间"、"机房管理员的台式计算机每

天工作时间"、"机房面积"、"机房是否恒温"、"是否恒湿"、"是否防尘"、"是否防雷"、"是否防静电"、"是否防水"、"是否有气体消防"以及"是否具有双服务器"等问题进行询问。通过各地医保中心技术人员对此问题的回答,我们可以了解到各地医保信息系统的机房基础设施现状,以及各地各自所建立的机房是否符合机房建设方面的相关规定。

医疗保险数据的产生具有不确定性,数据处理也要求实时高效,因此医疗保险信息系统对数据的安全性、实时性及可靠性要求较高。为满足所有用户能够通过网络进行实时访问,主机和网络必须具备较高的吞吐量和很短的响应时间。鉴于医疗保险信息系统的全天候服务的特性,为满足日益复杂和多样化的客户需要,医疗保险信息系统必须保证 24 小时不间断安全运行。在调查过程中我们发现,被调查的所有地区的机房服务器均能保证 24 小时开机运行,系统管理员每天至少会在 8 小时工作时间内对系统进行维护,服务器的运行和管理状况良好。

对于机房面积的大小,一般是根据计算机设备的外形尺寸及设备在室内的布局所确定。国家对于电子计算机机房的使用面积有最低限定,要求两相对机柜正面不应小于 1.5 米,机柜侧面距墙不应小于 0.5 米,走道净宽不应小于 1.2 米。通常来说,机房的建设面积是不得小于 20 平方米的。但调查结果却显示,所调查地区中机房面积最小的为 15 平方米,而最大值达到 544 平方米,两者差距较大,总体平均值在 130 平方米左右。可见各地区机房建设面积参差不齐,不满足机房面积限定条件的地区仍然存在。

计算机机房除要满足所需最小面积要求外,对于建设场地的选择还要求远离易燃、易爆、强烈震动、粉尘污染、汽水腐蚀、强电磁场及背景噪声较大的地方。计算机机房的内部环境应本着安全、防火、防尘、防静电及防雷电的原则来设计。对于机房的温度、湿度及空气含尘浓度要有严格控制,并避免静电和雷电的破坏。一旦这些因素产生干扰,通常会对计算机信息系统的稳定运行造成较为严重的后果,所以应予以充分重视。对调查问卷的分析结果(见图 10-1)显示,A 省各地区的医保信息系统机房内部环境,均能满足的内部条件只有防雷这一项,少数地区的防静电设备未达到标准。对于其他环境条件,机房的管理便松散了许多。仅71.4%地区的机房具有气体消防和防水功能,75%地区的机房能保持恒湿,92.9%地区的机房能保证恒温,78.6%地区的机房能保证防尘。从这些数字中可以看出,该省各地的医保信息系统机房条件与应该要满足条件存在相当大的差距,机房内部环境控制不严格,内部设施条件较差。可以预测,一旦有突发性气候变化发生,机房的应对能力有限,将会对数据的安全保存构成威胁。

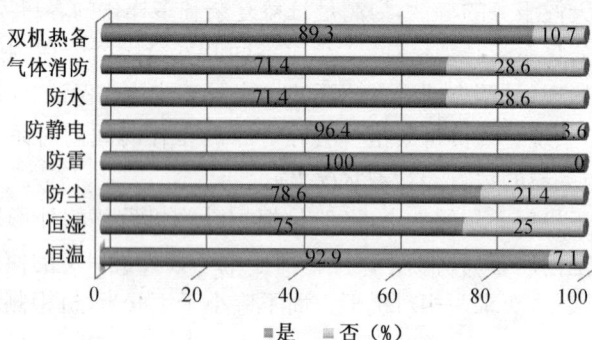

图 10-1　机房硬件设施情况统计图

2. 对异常情况的处理:处理故障的设备配置尚不完善,有待进一步加强

医保信息系统的服务器可能会因各种原因发生故障,如设备故障、操作系统故障、软件系统故障等等。一般来说,在技术人员在场的情况下,恢复服务器正常可能需要十几分钟、几小时甚至几天。从实际经验看,除非是简单的重启服务器(可能隐患仍然存在),否则往往需要几个小时以上。而如果技术人员不在场,则恢复服务的时间就更长。调查问卷中对于该省各地医疗保险信息系统故障发生状况及处理方式的涉及,通过设置"有无发生过异常情

况"、"对异常情况如何进行处理"问题来进行考察分析。表
10-1显示了机房对异常状况的处理情况。调查中有11个地区
(39.3%)的医疗保险信息系统曾经发生过异常情况,对异常情况
的处理大都采用重启系统、使用另一台服务器接管、切换备用电池
并及时备份等方式进行,处理方式较为合理。

是否拥有双机热备将会直接影响各地对于医疗保险信息系统
服务器发生故障时的处理能力。双机热备是对于重要的服务使用
两台服务器,互相备份,共同执行同一服务。当一台服务器出现故
障时,可由另一台服务器承担服务任务,从而在不需要人工干预的
情况下,自动保证系统能持续提供服务。

医疗保险信息系统是一个复杂的联机处理系统,要求实时响
应。是否拥有双机热备是评判医疗保险信息系统故障处理能力的
一个重要指标。复杂的政策计算使得单一的业务会引发大量的关
联交易数据交换,这就要求数据处理同步和异步分布合理、数据传
输及时和稳定,这也是医疗保险信息系统设计的难点。可想而知,
倘若医疗保险信息系统的服务器发生了故障,医保数据的传输、处
理等都将会受到一定程度的影响,情况严重的可能会造成实时数
据的丢失。设置双机热备的目的就在于,通过备用服务器来解决
主服务器发生故障服务中断的问题。调查数据显示,A省各地医
保中心拥有双机热备的比例为89.3%,仍然有相当一部分的地区
没有此项装备,这些地区对于服务器安全、持续运行目标的实现尚
无保障措施。

表 10-1　异常状况相关问题统计表

问题类型	地区个数(%)	
	是	否
是否发生异常情况	11(39.3)	17(60.7)
是否拥有双机热备	25(89.3)	3(10.7)

＊据本问卷调查结果统计得到。

3. 未来需求:部分地区机房不具备未来 2～3 年内的业务扩展要求

由于医疗保险系统是改革中不断完善的系统,随着医疗保险覆盖面的不断扩大,医保政策的不断调整及业务发展的实际需要,医疗保险信息系统必然要进行循序渐进的更新过程。这就要求医保软件的设计要具有很好的扩充性、易维护性和易操作性。应充分考虑到参保人员数量的增加和业务扩展的需要,系统要具有可扩充性及扩充接口。为了考察该省各地在建立医疗保险信息系统时,是否考虑到今后医疗保险业务扩展的未来需求,如本地医保覆盖范围的增加、系统使用人员的增加、异地就医、人员关系转续等目标的实现等,调查问卷中设置了"您认为本地的医保信息系统是否具备能满足未来 2～3 年内的业务扩展需要"这一问题,对于不能满足未来需求的,当地的医保中心技术人员需要答复究竟是何原因。

调查中对于本地的医保信息系统是否具备未来 2～3 年的业务扩展需求,有 14 处地区,占 50% 的比例选择了"否"这一项。可见该省各地医保信息系统的未来扩展工作形势严峻、任务繁重。对于不能满足未来需求的原因,各地医保中心技术人员的回答大体包括以下三个方面:

第一,机房的硬件设备过于陈旧,无法满足日益增长的用户数量和业务扩展需要。有些地区由于财政支持力度不够,机房内的设备是 5 年前的,正在运行的系统甚至是 10 年前开发的,其运行速度、存储情况和技术能力远远不能适应未来发展需求。

第二,部分地区现未落实金保工程,数据结构与上级要求相差较大,医保信息系统急需改造升级。此外,一些地区虽已实施金保工程,但为了满足业务扩展的需要,其医保信息系统也需要进一步完善。

第三,调查中显示该省境内有部分地区的医保仍然还在实施分时结算,结算手段落后。实现参保人员就医费用的实时结算将是未来发展趋势及所要达到的统一目标。持卡就医给就诊患者带来诸多便利,患者只需在结算医疗费用时负担个人应付部分,系统直接将可报销的部分进行划转。参保人员的医疗费用报销时间由过去的几个月缩短到几十秒钟,从而不会出现报销周期长、个人垫付款多的情况。显然,部分地区的分时结算政策无法适应未来医保信息系统的发展趋势,实现医保费用的实时结算功能将是当地政府医保相关部门今后工作中需要改革和完善的重要工作。

4. 门禁管理:部分地区的机房进出入不设门禁系统,管理存在漏洞

在医保数据机房设置门禁系统,对数据中心内的重要区域、通道及出入口进行监控管理,主要是基于对机房安全保护的需要。门禁系统的应用主要是通过刷卡或输入密码的方式,对可进出机房的人员进行限制,规定设置哪些人可以进入。门禁系统的建立可以帮助系统管理员实现对机房的实时监控,管理员可以通过计算机来查询所有的进出记录、状态记录,实时查看每个门区人员的进出情况、每个门区的状况(包括门的开关,各种非正常状态的报警等),也可在紧急状况下打开或关闭所有的门区。

医保数据信息量大,数据交换频率高,且关乎参保人员的切身利益,因此确保医保数据安全,实现对医保数据所存储机房的有效保护十分重要。调查问卷中主要是通过"是否设置出入门禁系统"及"是否有门禁系统的管理记录"这两个问题,对各地区医保数据机房的门禁系统建设情况进行考察。

图 10-2 的调查数据显示,在所有被调查地区中,有 15 处地区(53.6%)门禁管理制度较为严格,既有门禁系统同时又有门禁系统的管理记录;有 2 处地区(7.1%)虽有门禁管理系统但并未保存管理记录;还有 11 处地区既未设立门禁系统,又无出入管理记录,所占比例高达 39.3%。这说明部分地区对机房的保护意识仍然较为薄弱,尚未实现对机房出入口的安全防范管理,存在较大管理漏洞。

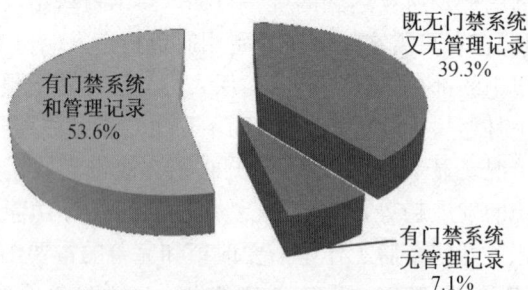

既无门禁系统
又无管理记录
39.3%

有门禁系统
和管理记录
53.6%

有门禁系统
无管理记录
7.1%

图 10 - 2   门禁系统和管理记录统计图

二、数据库建设情况分析

1. 金保工程要求:部分地区未能进行五险合一,不符合金保
工程建设要求

劳动保障信息系统建设(简称"金保工程")于 2002 年由国家
劳动和社会保障部正式启动。金保工程应用系统的建设目标是要
实现具体业务处理与记载、信息采集与提取、信息交换与共享、信
息发布与服务、宏观决策与分析、基金监督与控制的六大功能。金
保工程要求建立起中央、省、市三级劳动保障数据中心的数据共享
系统;数据中心内部要设立生产区、交换区和决策区三个逻辑工作
区;要建立劳动保障业务经办全过程管理的业务管理子系统;要实
现向社会公众提供政策咨询、信息查询和网上办事等服务的公共
服务子系统。

社保经办机构分散办公,参保单位和参保个人多头申报、多头
缴费等现实弊端的存在,使得经办机构不得不多头采集数据和多
头办理业务,造成效率低下和工作繁重。实现社会保险险种的"五
险合一,并票征收",一方面有助于统一的信息化管理,另一方面又
可以方便数据共享,简化经办机构、参保单位和个人的参保缴费工
作。所以"地级以上城市全部建立统一的覆盖各项业务的集中式
资源数据库"是金保工程在"十五"期间的建设目标。

为了解 A 省各地医保信息系统功能建设完成情况,本调查问卷中设置了"是否将医保信息系统进行五险合一,建立了统一的人力资源和劳动保障业务资源数据库"、"数据中心是否设立了生产、数据交换、宏观决策三个数据区"、"数据中心是否涵盖本级和所有县区数据"、"数据中心是否具有及时在线查询功能"等问题进行了考察。通过对调查数据的分析得出,截至 2011 年 11 月,A 省仍有 9 处地区(32.1%)未能将医保信息与其他险种进行五险合一,未能建立起统一的人力资源和社会保障业务资源数据库,这与金保工程在"十五"期间所要求实现的建设目标相距甚远。

数据中心是实现数据的存放和集中处理的场所,是金保工程建设的重要内容,是数据的存储与分布式系统成败的关键之一。金保工程为了保障信息系统的效率和安全,要求各地各级系统的业务数据、交换数据与宏观分析数据应分区设立。因此,数据中心从内容上,涉及业务资源数据库、交换资源数据库和宏观决策数据库。金保工程要求,各级数据中心在生产区建立标准统一的集中式业务资源数据库,以支持辖区内各项社会保险业务的经办;在交换区建立标准统一的各类小环资源数据库,以支持异地业务经办、公共服务和基金监管,并为宏观决策提供基础信息;在决策区建立宏观决策数据库,为宏观决策提供支持。

由于在金保工程中只要求市一级医保信息系统建立生产区、交换区和决策区三个逻辑工作区,因此在这一问题上,我们只分析了目前已实现市级统筹的相关地区(共有 6 个地区,全部是地级市),其中有 1 个地区未按照金保工程的要求,设立以供生产、数据交换、宏观决策的三个数据区,数据中心的功能改进和完善工作亟需各地医保部门予以重视。

本着"数据集中,业务处理相对分散"的原则,劳动保障部门规划了在部、省、市三级劳动保障部门分别只建立一个数据中心的模式,劳动力市场和社会保险各项信息由统一的数据中心进行管理,不再单建数据中心,以确保数据中心的枢纽特性和实现一条主线上下传输的要求。实现市级医保信息的统筹管理是金保工程对于各省各地区信息系统建设的最低目标。在所调查的该省地区中,33.3%的数据中心不能涵盖本级和其所辖县区的数据,如何实现市级范围内的统筹仍然是各地医保信息系统建设中需要解决的瓶颈问题。

金保工程的公共服务系统是新时期劳动保障部门实现以人为本、建设服务型政府的重要平台,金保工程的最终目标是要实现为劳动者"记录一生、管理一生、服务一生"。劳动保障部要求各地要充分利用金保工程统一建设的劳动保障电话咨询服务中心(12333)、政府网站和社区服务平台,面向社会公众提供全方位的信息服务。A省各地级市一直在按照省级部署致力于打造服务型劳动保障政府网站,包括建设以12333"一个号"为标志的综合咨询服务中心,建设以社会保障卡"一张卡"为载体的医疗保险事务办理及服务的系统平台,和建设以劳动保障网络及其门户网站"一个网"为支撑的电子政务服务大厅。医疗保险信息系统在线咨询功能的实现,大大方便了参保个人及参保单位对账户信息、相关政策及医保药品目录、定点医疗机构、定点药店的查询工作。本调查数据显示,该省已有82.1%的地区开通了医疗保险信息系统的在线查询功能,但仍有17.9%的地区其医疗保险的信息服务平台尚未建立。

数据中心建设情况具体如图10-3所示。

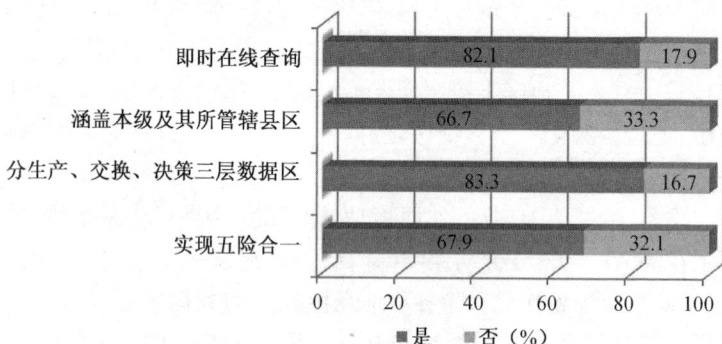

图10-3 数据中心建设情况

2. 安全防护情况:具有较好防范意识,多数地区均设有容灾及备份措施

医疗保险信息系统每天都要处理大量业务,保存大量宝贵数据。由于火灾、洪灾、雷击、线路故障、通讯网络故障、人员操作失误或黑客恶意攻击等不可抗拒因素所造成的系统故障和数据丢失,都会给医保信息系统带来不可估量的损失。为了保护医疗保险业务数据的安全,并在数据保护的基础上尽快恢复医保信息系统的正常运行,建设集中的基础性设施,即灾备系统十分必要。

容灾措施可通过对各医保相关单位业务系统提出容灾备份的统一规范,共同保障整个城市医保业务的连续性,防止灾难发生时医保数据的损坏。调查问卷中设置了"是否建立相应的容灾备份系统"这一问题进行考察。结果显示,在调查地区中仅有 1 处地区的数据中心没有建立容灾备份系统,其余 27 处均有此项措施,可见各数据中心对医保数据的安全保护工作较为重视。

所谓本地备份和异地备份,其主要区别在于备用 IT 系统的存储地点是在本地,还是在相隔较远的异地。采用两套或多套功能相同的 IT 系统,互相之间可以进行状态监视和功能切换,当一处系统因意外停止工作时,整个应用系统可以迅速切换到另一处,以维持正常工作。一般而言,为避免同一地区相同的不可抗因素的干扰,各地通常是建立起一个同城异地容灾备份系统。调查问卷中对于建立了容灾备份系统的地区,继续询问"容灾备份的方式为本地备份或异地备份"。根据调查结果,在已建立起容灾备份系统的 27 处地区中,有 17 处地区(63%)是本地备份,7 处地区(25.9%)是异地备份,另有 3 处地区(11.1%)同时兼备本地备份和异地备份。具体情况如图 10-4 所示。

数据的复制方式,一种是同步复制即实时备份,一种是异步复制即定时备份。在正常情况下,主数据中心和灾备中心的系统均处于运行状态,但业务处理系统只在主数据中心运行。实时备份和定时备份的主要区别在于,对于实时备份来说主数据中心的业

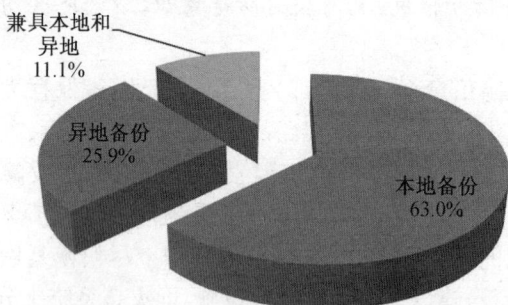

图 10－4　数据容灾备份的方式

务系统对数据的任何修改,都会通过光纤网络实时同步复制到容灾备份数据库上,当主服务器发生故障时可以迅速自动切换到另一台热备服务器上,保证整个系统正常运行,而定时备份是按照既定的间隔时间,每隔一段时间对业务数据的更改进行复制。若灾难不幸在复制间隔内发生,则此期间所产生的所有医保业务数据都会消失不见。相比较之下,实时备份比定时备份更具有现实价值。调查中,该省各地医保中心进行实时备份的仅有 11 处地区(39.3％),选择定时备份的有 17 处地区,比例占 60.7％。这表明该省各医保中心并没有实现对容灾中心数据的实时备份,实时备份系统的开发和运用仍然不够普遍,仍有很大发展提高的空间。

3. 三大目录库标准:数据标准尚未统一,仍有部分地区与省级标准不一

医疗保险的信息化建设是一项政策性强、覆盖参保人员多且涉及多个部门和多项技术的复杂社会化系统工程。有些统筹地区在建设信息系统初期未能严格按照国家标准进行信息编码,信息交换结构并不符合国家相关标准,给今后的医保联网和数据共享留下了重大隐患。

2010 年 5 月,人力资源和社会保障厅发文,要求各地要进一步推进社会保险的标准化工作。社会保险标准化工作的总体目标

是"到 2020 年,基本建立结构合理、层次分明、重点突出、科学适用的社会保险国家标准体系,行业标准、地方标准与国家社会保险标准协调配套,将社会保险服务、评价、管理等领域的全过程纳入标准化管理轨道,实现对关键环节和关键因素的有效监控,以标准化手段提升社会保险经办管理服务能力"。

A省的各个地区基本上都建立了自己的医疗保险信息系统,然而通过他们的系统是否可以对接,是否能够实现地市级、省级甚至全国性医保信息系统的集成和数据共享任务尚无定论。信息共享表面上可以通过建立接口来解决,但是这些接口的数目和复杂性,将会随着新的应用的增加而呈几何倍数增加。因此,仅靠增加接口的方法实现系统集成是不可能的。要实现一个大的信息系统的系统集成与数据共享,必然要求建立标准化的信息分类编码。

医疗保险信息系统与定点医疗机构、定点零售药店的信息系统进行数据交换时,必须执行劳动保障部制定的数据接口标准,包括数据项标准、数据格式、代码标准等。目前 A省已根据本省具体情况及实际需要,制定了基本药物目录库、基本诊疗目录库和基本服务设施目录库三大数据标准。为了解该省各地对省级数据标准的贯彻适用情况,调查组设计了"目前本地的三大目录库数据标准是否与某某省一致"、"目前与某某省数据库标准不一致的有哪些"、"与某某省数据库标准不一致的原因"等问题进行考察。

表 10-2 显示了三大目录库的统一情况。在 28 处被调查地区中,仍有 4 处地区的目录库标准与 A省设置的省级标准不一致,占到调查总数的 14.3%。其中 1 个地区的基本药物目录库、基本诊疗目录库、基本服务设施目录库全部与 A省的标准不一致,1 个地区的基本诊疗目录库和基本服务设施目录库与 A省标准不一致,其余 2 个地区只有其中的某一个目录库与 A省标准不一致。

在调查不一致的原因时,这 4 个地区分别选择了:"上级未要求全部一致"(1 处)、"统一的工作量太大,目前人手不足"(1 处)、

"本地区有自身的特点,不适用某某省的数据库标准"(2处)。这说明A省内目前仍然没有完全做到数据库标准的统一,仍需对此项工作予以关心和督促。

表 10-2　与省级目录库标准不一致地区情况统计表

地区编码	基本药物目录库	基本诊疗目录库	基本服务设施目录库
地区 1	√	√	√
地区 2		√	√
地区 3	√		
地区 4			√

√代表此项与某某省标准不一致。

10.2.2　网络建设情况方面

一、网络管理情况分析

对网络管理的情况分析显示,现有的医保信息系统只具备初始的监控和管理能力,尚不具备更深一步的分析和审计功能。

医疗保险信息系统要对本市定点医疗机构、定点零售药店以及个人遵守基本医疗保险各项规定情况实施监督管理活动,应当建立和完善定点医疗机构执业医师信息系统以及基本医疗保险费用结算系统,对定点医疗机构及其执业医师在提供医疗服务过程中发生的基本医疗保险费用进行实时监管,规范定点医疗机构执业医师的医疗服务行为。此外,医疗保险信息系统能够对医保基金的征收、管理、支付等环节进行全面监管,及时发现存在的问题,从而有效防范、化解基金风险。调查问卷中对于各地医保信息系统网络管理情况的分析,是通过"能否对现有的管理流程进行监控和管理""能否对现有的业务使用情况进行审计""是否建立了业务系统自我分析评价功能"等问题来进行考察。图 10-5 显示了各地区医保信息系统的网络管理情况。

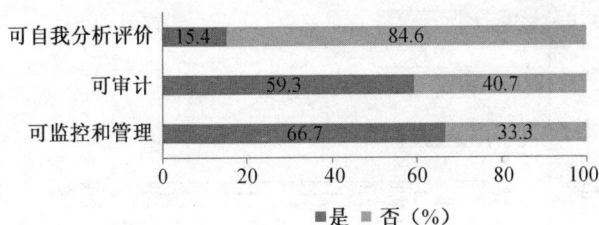

图 10 - 5　网络管理情况统计图

调查显示有 18 处地区的系统可对现有的管理流程进行监控和管理(数据缺失一项),占到地区总数的 66.7%;有 16 处地区的系统可以对现有业务情况进行审计(数据缺失一项),所占比例为 59.3%。在被调查的 28 处地区中,仅有 4 处地区的系统具有自我分析和评价的功能。这说明该省现有的医保信息系统虽然已运行,但仅具备初级的监控和管理能力,深层次的自我分析和评价功能还有待于进一步开发。

二、网络连接情况分析

网络连接情况分析显示,网络连接较稳定,各地区根据自己特点进行多元化选择。

在 28 处被调查地区中,有 25 处地区的网络拓扑结构采用的是独立局域网,2 处地区选择 VPN 专网,仅有 1 处地区将业务系统直接连接在互联网上。在业务系统的体系架构上,选择 C/S 结构的地区占到 60.7%,选择 B/S 的为 17.9%,另有 10.7% 的地区选择 C/S/S 三层结构(数据缺失三项)。

对于所采用的网络运营商,26 处地区(占比 92.9%)选择了电信,可见以运行稳定、速度领先著称的电信仍是大家的首选。需要说明的是,由于可对医保信息系统的网络运营商进行多项组合选择,因此表中各比例之和并不为 1。调查中有 16 处地区(占比为 57.1%)选择了两种或两种以上种类运营商所提供的服务。具体情况如图 10 - 6 所示。

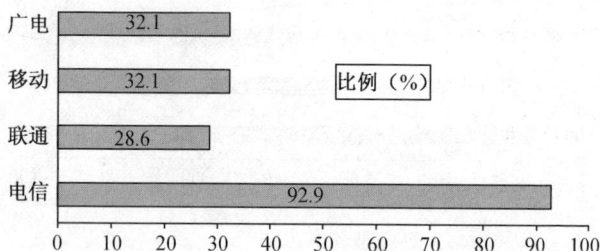

图 10 - 6　网络运营商选择情况

　　在网络连接类型中,所有被调查地区均表示应该在网络运营商处租用建设专网以专供医保信息系统使用。调查结果显示,已有 22 处地区(占比为 78.6%)选择了专网形式,另有 4 处地区采用的是 ADSL 类型,另外 2 处地区使用的是其他的连接类型。

三、网络互联情况分析

　　网络互联情况分析显示,近一半的地区未能实现与上一级数据中心的互联,在数据的互联互通上还有待进一步加强。

　　金保工程的总体建设目标是在政务统一网络平台上,构建中央—省—市三级劳动保障系统网络,并在此基础上建立网络互联、信息共享、安全可靠的全国统一的劳动信息服务网络。调查组调查了各地数据中心的网络互联情况,调查数据显示,在 28 处被调查地区中,有 15 处地区的数据中心(占比 53.6%)能够实现与上一级数据中心的互联互通,剩余的 13 处地区均未完成联网。在这些未实现联网的地区中,仅有 5 家表示已将互联互通工作纳入议程,可以在最近的一到两年内完成与上一级数据中心的互联工作。余下的 8 处地区并未对网络的互联互通作出实质性的、可操作的规划安排,这表明医保中心并未将网络的互联互通工作作为其工作重点来推进和完善。

10.2.3 医疗保险卡方面

一、IC 卡使用范围情况分析

在 IC 卡使用方面,调查资料显示,多数地区 IC 卡仅限于医保使用,功能受限,并未实现"一卡多用、全国通用"的目标。

国家人力资源和社会保障部在 2010 年 4 月出台了《关于印发"中华人民共和国社会保障卡"管理办法的通知》,要求在全国采用统一的标准规范发放社会保障卡,通知中对社保卡的发行、制作、安全管理、产品管理等作出了明确的规定。社会保障卡是国家信息化"金卡工程"和"金保工程"的重要组成部分。社会保障卡要按照国家《社会保障(个人)卡规范》标准和银联标准卡的规范统一制作,它是持卡人办理人力资源和社会保障业务以及金融服务等事务的电子凭证,具有"一卡多用、全国通用"并带有金融借记功能。

A 省在 2010 年 4 月同时向各市的人力资源和社会保障局下发了此份文件。对于现阶段各地社会保障卡发放现状究竟如何,调查问卷中通过设计"是否发放了符合人社部标准和要求的 IC 卡"以进行了解。调查数据显示在 28 处被调查地区中,目前该省发放符合人社部标准和要求的 IC 卡的仅有 15 处,占调查总数的 53.6%,还有近一半地区未能按照要求发放符合标准的 IC 卡。

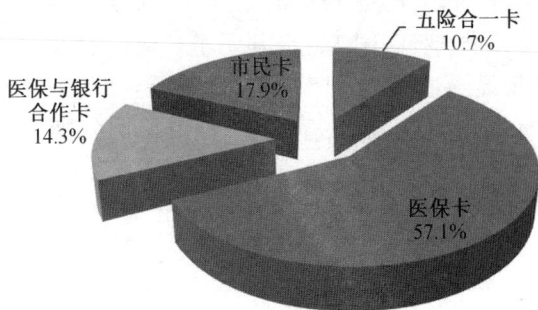

图 10-7 IC 卡的使用范围

从社会保障信息系统总体建设规划方面来看,医疗保险业务作为社会保障体系的一部分,在医疗保险卡的设计中必须考虑今后与社会保障卡的顺利过渡与衔接问题。对于 IC 卡的使用范围,按照范围的由浅到深,各地回答结果统计如图 10-7 所示:有57.1％的地区其 IC 卡仅限于医保使用;10.7％的地区使用的是五险合一的社会保障卡;14.3％地区的医保卡实现了与银行系统的合作,即这些地区的社会保障卡不仅具有信息记录、信息查询、业务办理等基本功能,同时还可作为银行卡使用,具有现金存取、转账、消费等金融功能;仅有 17.9％地区的 IC 卡是集多种功能于一身的市民卡。可见,该省各地区的医保用卡类型繁多,发放和使用全国统一的社会保障卡将成为以后工作的重点。

二、IC 卡卡芯片类型

IC 卡所采用的卡芯片类型各地标准不一,没有采用统一的使用标准。

社会保障卡的芯片应为硬掩膜工艺加工制造的智能卡(CPU卡)芯片,存储器应由随机存储器(RAM)、只读存储器(ROM)、电可擦可编程只读存储器(EEPROM)组成,要支持国家密码管理部门认可的加密算法,具有国家密码管理部门颁发的商用密码产品型号证书。调查问卷中对于社会保障 IC 卡的卡芯片类型,设置了社会保障标准 CPU 卡、银行标准 CPU 卡、逻辑加密卡、存储卡、磁卡条五类以供选择。图 10-8 显示了社保卡的 IC 卡卡芯片类型,调查结果显示,该省各地标准并不统一,使用频率较高的为社会保障标准的 CPU 卡及存储卡,所占比例分别为 35.7％和28.6％,有 21.4％的地区选择了逻辑加密卡,7.1％的地区选择磁条卡,余下的较少的 3.6％的地区使用的是银行标准 CPU 卡。

三、IC 卡的个人身份识别

对于 IC 卡的个人身份识别,A 省各地并未采用统一的标准,既有身份证号识别、医保号识别,也有社会保障号识别,但使用最多的仍为医保号。

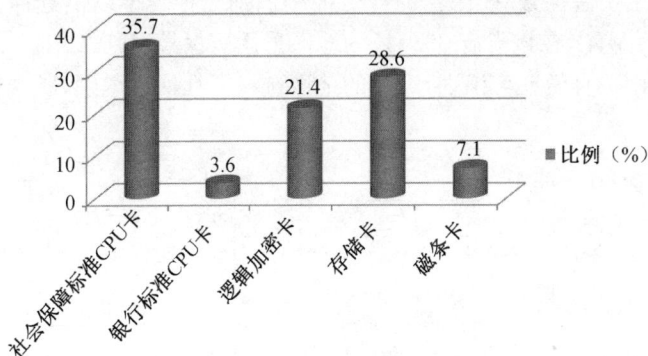

图 10 - 8　IC 卡卡芯片类型

社会保障号码制度是国家对公民的社会生活与经济生活实行现代化管理的重要技术措施和方法。它通过为每一位公民颁发一个唯一的、终身不变的个人识别号码——社会保障号码,来建立该公民的社会保障档案,政府或有关社会管理机构依据社会保障号码对公民的社会保障事务实行社会化管理;同时公民也通过自己的社会保障号码享受应得的社会保障权益。每个公民的社会保障号码可视为该公民的数字化名字,卡唯一标识该公民本人,凡需要对公民个人进行标识的领域——包括社会保险、医疗保健、人口登记、身份识别、劳动就业、义务教育、纳税征收、银行账户等均可以使用。

我国于 1989 年 9 月发布 GB11643 - 89《社会保障号码》国家标准,1990 年 4 月 1 日开始实施。1998 年 2 月,国家技术监督局对社会保障号码国家标准进行了修订。根据修订后的国家标准,我国公民的社会保障号码为十八位数字特征组合码,前十七位数字是本体码,最后一位数字是校验码,排列顺序从左至右依次是:六位数字出生地地址码、八位数字出生日期码、三位数字顺序码和一位数字校验码。

为了解 A 省各地对社会保障号码的贯彻使用情况,调查问卷中给出了医保号、社保号和身份证号识别三种类型以供选择。图10-9显示,在该省有39.3%的地区采用医保号识别,28.6%的地区采用了身份证号识别,25%的地区选择了社保号识别,所占比例甚少。

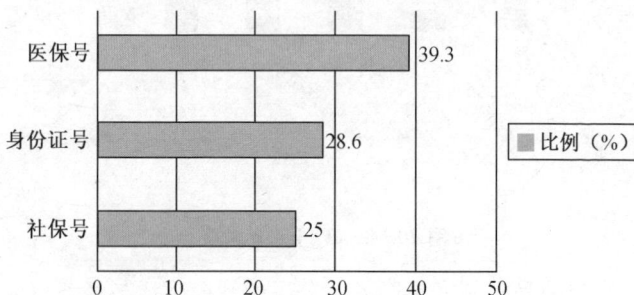

图 10-9 IC卡的个人身份识别

10.2.4 公共服务建设方面

一、系统公共服务建设性能

随着医疗保险覆盖面的扩大,医疗保险信息系统的服务对象大量增加,除了要建立庞大的数据库之外,还要妥善解决接受大量用户访问的需求。金保工程是一项重要的电子政务工程,金保工程在建设中要求,各地的政府部门网站在整体上要满足为社会公众提供信息发布、政策咨询、业务经办指南、网上业务经办、监督投诉等服务功能,网站编辑人员还要负责网站信息的更新维护工作,实现网站系统与医保信息数据库的数据共享,实现网上业务经办与前台业务经办的联动。针对这一功能的实现情况,为了解该省各地政府网站建设现状,本调查问卷中设置了"参保人员是否能在网站上查询到最新的相关缴费记录和其他信息","是否能进行网上投诉与答复"进行考察。

"两网一站"属于金保工程信息资源网规划的范畴。"两网"

是指社保信息化网络的"政务内网"和"政务外网","一站"指社保部门的政府门户网站。政务内网是涉密的内部网络,主要为副省级以上社保部门的领导决策指挥、办公业务处理和涉密的其他业务处理,提供信息、技术方面的支持和服务。政务外网是非涉密的业务专网,主要承担社保部门之间非涉密的互动性信息交换和业务处理,以及社保部门面向参保单位和个人的监管和服务。在金保工程的未来建设中,各级政府网站要将劳动保障各项基本服务内容,集成链接到劳动保障部的门户网站。对于已经建立的各类网站,要及时链接到当地劳动保障部门的政府网站中。按照政务公开和电子政务的总体要求,逐步完善和丰富网站内容。为了解该省各地政府门户网站对内对外的网络互联情况,调查问卷中设置了"是否能够和其他网络相连接"这一问题进行考察。

调查数据显示(见图 10-10),多数地区(64.3%)的数据中心网站具备及时的在线查询功能,但相对而言,仍有 35.7%地区的政府门户网站并未实现这一功能。可进行网上投诉与答复的地区所占比例达到 89.3%,完成情况尚好。但仅有 64.3%的地区,其劳动保障网站可与其他相关信息网站进行网络连接,互联互通工作仍需在该省未实现地区加大推行力度。

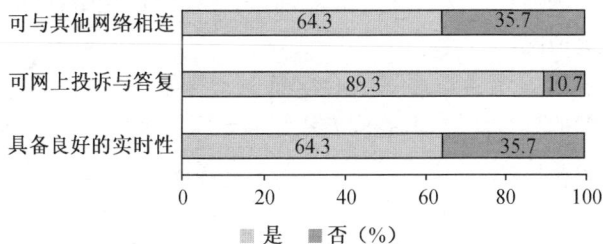

图 10-10 系统公共服务建设性能情况

二、业务系统安全管理

医疗保险信息系统涉及基金征缴、个人账户管理、费用结算、财务管理以及政策调整等全部医保业务环节,是医保业务有效开展的前提条件。医保信息系统管理着几十万甚至几百万参保人员的个人账户和医疗费用信息,涉及几十甚至几百家定点医疗机构和成千上万家参保单位。此外,医保、财政、地税、国库、银行等部门以及上下级医保机构之间都有大量数据往来。所以医保信息系统对保密工作有较高要求,必须保证信息系统数据安全,防止系统硬件、软件和数据因偶然或恶意原因而遭受破坏、更改和泄露。

目前,社会各界普遍使用的网络操作系统主要是 Unix、Windows 和 Linux 等,这些操作系统都或多或少地存在着一些安全问题。很多新型计算机病毒都是通过利用操作系统自身存在的漏洞进行攻击和传染,如果不及时地进行病毒库更新,查找并修补各种系统漏洞,那么即使是在杀毒软件运行的情况下,计算机感染病毒的几率也是很大的,而且容易造成计算机病毒的交叉感染和反复感染,导致医保信息系统效率低下,甚至局部瘫痪。

除病毒因素的影响外,近年来网络黑客攻击事件频发,由于医保信息系统内存在着大量参保个人、参保单位及医疗机构的相关信息,这些都是不法分子攻击网络的重点。黑客的恶意入侵可能会造成医保信息系统的网络瘫痪,信息被损毁甚至数据库内数据被篡改等情况。

为了解 A 省各地医保中心信息保密措施力度以及对病毒及黑客入侵的抵御能力,调查问卷中设置了业务系统"是否对个人隐私采取保密措施"、"是否安装了防病毒软件"、"是否有安全防火墙"、"是否有入侵检测系统"、"是否有流量监测系统"等相关问题来进行考察。调查结果表明,各地医保系统的安全管理良好,具有较好的防病毒感染及黑客入侵能力。

图 10-11 显示了业务系统的安全管理情况,由图可知,绝大多数地区(92.6%)都安装有防病毒软件并定时升级病毒库,

96.4％的地区配备了防火墙系统,64.3％的地区能够对外来入侵进行检测,具有流量检测系统的地区未见明显差异。可见该省各地的医保信息系统有着较好的防病毒感染和黑客入侵能力。

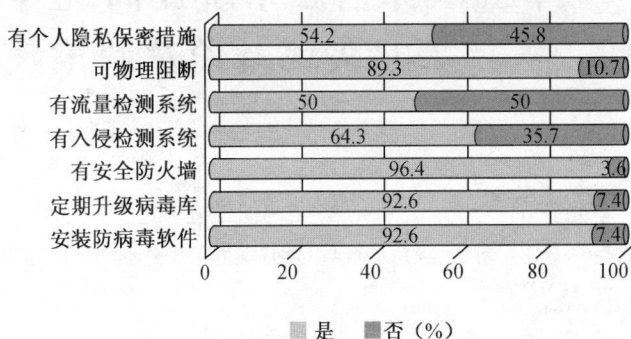

图 10‑11　业务系统性能情况

第 11 章 医保信息系统提高统筹层次的实现路径及政策建议

本章是在前章理论分析与实证调研的基础上,探讨目前我国医保信息系统提高统筹层次的具体实现路径,并提出相关的政策建议。

11.1 建立基于"云计算"的医保云系统

针对目前各地区医保政策不一致的情况,医保信息系统在实现市级统筹的同时,应兼顾各县区特点,采用基于"云计算"的医保云系统为各县区提供能够符合自身医保政策的信息平台。

在上一章的调研中,我们发现阻碍医保信息系统统筹层次提高的一个重要的原因,是同一地市范围内各县区间医保政策标准的不统一。也就是说,即使是同一地市范围,不同县区间的医保筹资比例、报销额度、报销药品目录等等都可能是不一致的,这种医保政策标准的不一致导致了市级在全市范围内统筹规划和建设信息系统遭遇重重阻力,统一全市信息系统建设的进程难以有效推进。我们不仅认识到统一标准的重要性,还从技术角度提出了"云计算"的概念,采用"云计算"技术能够保证在按照统一标准实现统筹层次提高的同时,保留各县区医保信息系统自身的不同标准和特色。

实现统筹层次的提高,并不一定要求所有县区全部采用模式固定的、统一的业务系统。依据云计算技术,可以在各地市建设市级云计算中心和云存储中心,通过互联网为各县区提供符合自身医保政策的信息系统业务平台。这样既保障了数据的统一和标准,也可以提供丰富的业务系统,同时保障了数据的安全和降低了建设的投资。

云计算是目前一门新兴的网络技术,狭义云计算指 IT 基础设施的交付和使用模式,通过网络以按需、易扩展的方式获得所需资源;广义云计算指服务的交付和使用模式,通过网络以按需、易扩展的方式获得所需服务。这种服务可以是 IT 和软件、互联网,也可是其他服务。云计算的核心思想,是将大量用网络连接的计算资源统一管理和调度,构成一个计算资源池向用户提供服务。提供资源的网络被称为"云"。"云"中的资源在使用者看来是可以无限扩展的,并且可以随时获取,按需使用,随时扩展,按使用付费。

通俗地讲,云计算是通过使计算分布在大量的分布式计算机上,而非本地计算机或远程服务器中,数据中心的运行与互联网更相似。这使得县级系统能够将资源切换到需要的应用上,根据需求访问计算机和存储系统。好比是从古老的单台发电机模式转向了电厂集中供电的模式。它意味着计算能力也可以作为一种商品进行流通,就像煤气、水、电一样,取用方便,费用低廉。最大的不同在于,它是通过互联网进行传输的。

在医保信息系统市级统筹的过程中,我们采用"云计算"的技术将所有的 IT 基础设施全部收归市级,机房建设、硬件维护、网络建设、系统升级等工作全部由各地市统一完成,各县区根据各自的需要,向地市通过互联网获取存储和计算资源,进行符合自身条件和特点的业务系统开发,可以随时获取,按需使用,随时扩展,并且不需要考虑过多的硬件扩容和维护升级的问题。

11.2 注重硬件环境建设

在硬件环境建设上,对市级单位和县区级单位应区别对待。机房不符合相关规定的,对市级单位应投入资金进行改造,从硬件环境上满足其实现市级统筹的目标;县区级单位则不再增加投资力度,而是对不符合相关要求的机房在保证业务的前提下进行系统切换。

作为信息系统的后台支持,基础设施好比一个人的身体。由于国内有很多省份的医保信息系统起步较早,目前业务扩展速度飞快,这个"身体"已经出现老化的迹象,它无法满足业务扩展的需要。

为了保证市级统筹目标的实现,在机房的改造上我们应该区别对待。对于市级单位的数据中心机房,要不断加大投资力度,让它不断地成长,不仅能满足本级的相关信息系统建设的需要,同时还要能保证未来市级统筹目标下数据的处理和储存能力。对于县区级的中心机房,很多地区由于后期资金问题无法对机房进行硬件改造,导致内部环境条件、硬件系统设施均处于落后和不合格的状态。因此对于不合格的县区级的中心机房,不再增加投资进行改造,让其自然过渡到新建系统。

在基础设施的建设上,国家已经将标准提高到一定层次。但就各地来说,还是要依据本地的规划建设和财政实力进行统筹。各地机房设备老化,难以更新换代的最重要的原因还是受困于政策力度和财政资金,另外,现在对医保信息系统的开发,很多地区盲目要求快速显现成效,比如说提高医保卡的覆盖面、扩大医保网络的覆盖面等等,工作上往往会只做表面功夫。由于基础设施的资金投入一般都是较为庞大的,一旦建成后便不容易更改,这样导致了硬件系统可持续工作年限往往不长,严重阻碍了机房建设。

根据本次调查统计的分析结果,被调查省份的所有地区机房服务器均能保证 24 小时开机运行,系统管理员也会每天在 8 小时工作时间内对系统进行维护,服务器的运行和管理状况良好。在机房面积建设方面,各地情况不一,基本满足国家对于电子计算机机房使用面积最低限度的规定,仅有部分地区机房建设面积低于国家规定。在机房内部环境方面,被调查省份的各地区均能做到防雷,少数地区仍无法完全做到防静电。而对于其他环境条件,机房的管理则略显松散。仅 71.4％地区的机房具有气体消防和防水功能,75％地区的机房能保持恒湿,92.9％地区的机房能保证恒温,78.6％地区的机房能保证防尘。

从以上统计数据可知,各地的医保信息系统机房设施仍有进一步完善的必要,应在国家相关标准的指导下,对相应设备设施进行改造。要明确数据中心基础设施建设的重要性,不仅表现在满足日益扩大的医保业务需求,同时也表现在安全防护需求上。机房基础设施,除存在一些机房基础环境、人为操作失误可能带来的安全隐忧外,一些蓄意的风险破坏行为同样会造成不可估量的损失。据媒体报道,在国外,曾发生多起攻击计算机中心、炸毁计算机设备的案件。这都警示我们,对医疗保险信息中心计算机设备实体的安全和风险防范,需要引起足够的重视。有相当一部分机房设计简陋,防护装置达不到规定标准,这将人为助长计算机的实体风险。

11.3　加快数据库标准的统一

应当进一步推进金保工程,加快五险合一的工作,加快三大目录库的数据标准的统一工作。

建设金保工程,是国家信息化战略发展的需要,是未来国家进行社会保障管理和服务的基本方式和必要工具,通过近年来政府的不断努力和投入,金保工程已经取得了一定的成绩。但是,我们的调查显示,被调查省份目前仍有三分之一的地区未将医保信息系统纳入五险合一,金保工程的"十五"目标尚未实现。因此我们要加大对金保工程的重视力度,加快将医保信息系统纳入金保工程的工作进程,进一步推进金保工程建设。

在调查中我们还发现部分地区的目录库并未采用统一的数据库标准,目前很多省份都出台了适合本省的三大目录库的编码编制规则。统一的数据库标准是我们实现异地就医、市级统筹等目标的基础,没有这个基础,各地区的医保数据库就只能各自为政,形成信息孤岛,需要耗费大量的人力进行数据的汇总、统计和分析。因此各地区应充分重视数据库标准的统一工作,尽快开展数据比对和数据库标准的统一。

11.4 加快社会保障卡发放工作

要加快社会保障卡发放工作,加强社会保障卡建设管理,采用统一的标准对个人进行身份识别。

从国家层次上来讲,社会保障卡的推行第一次被提到了新的高度。在《中共中央关于制定国民经济和社会发展第十二个五年规划的建议》中指出,要"加强社会保障信息网络建设,推进社会保障卡应用,实现精确管理"。2011 年 9 月,人力资源和社会保障部颁布了《关于印发人力资源和社会保障信息化建设"十二五"规划的通知》(人社部发〔2011〕99 号),提出以金保工程建设应用为支撑,突出一个重点,加强两个融合,推动三个转变,实现四个覆盖,推动人力资源和社会保障工作实现决策科学化、管理现代化和服务便捷化。其中突出一个重点,即加快实现社会保障一卡通。

图 11-1 所示的四个层面,规划了"十二五"期间全国社会保障卡建设的愿景。国家的重视,省级的指挥,地市的实际操控,是社会保障卡推行的有力保证。

推行社会保障卡的工作应当从省级层面统一组织,尽快建立全省统一的社会保障卡发行管理体系,加快发行和推广应用全国

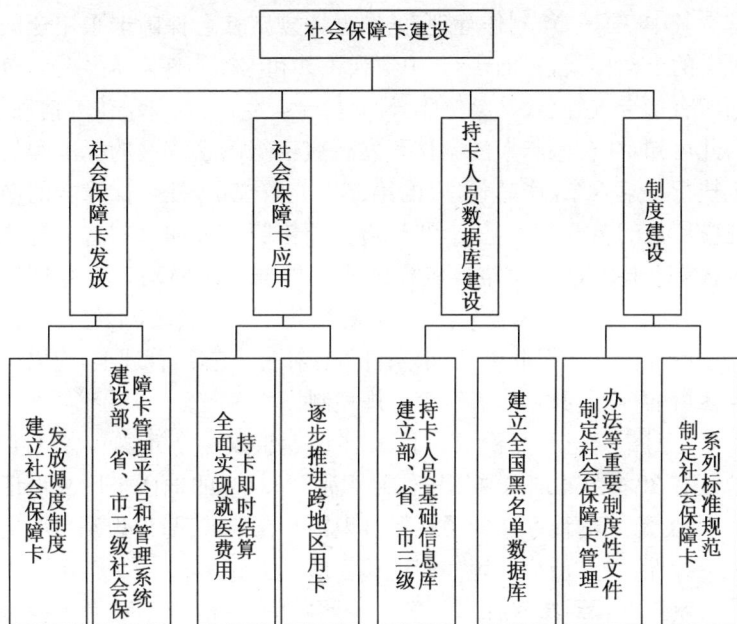

图11-1 "十二五"规划中全国社会保障卡建设的要求

统一标准的社会保障卡,发行范围涵盖各类服务人群。同时,针对参保对象对社保卡安全性问题的担忧,应该加强对社会保障卡发行和应用的规范管理,完善社会保障卡密钥管理制度,健全社会保障卡安全管理体系,提高用卡有效性和安全性,保护持卡人的合法权益。

本次调查分析显示,在被调查的28个地区,仅15地发放了符合人社部标准和要求的社会保障卡,占调查总数的53.6%,还有近一半地区未能按照要求发放符合标准的社会保障卡。在社会保障卡芯片类型上,仍然存在5种标准,各地做法不一。2011年4月,人力资源和社会保障部颁布了《关于印发"中华人民共和国社会保障卡"管理办法的通知》(人社部发〔2011〕47号),该通知对社会保障卡的发行、制作、应用、安全管理、产品管理做了明确的规定。其中,第三章《制作管理》的第九条规定社会保障卡采用全国统一的卡面样式,正面印有"中华人民共和国社会保障卡"字样,背面印有持卡人姓名、社会保障号码、持卡人照片、发卡单位等信息。由此可知,社会保障卡的制作和发行应依据国家统一的标准和规范执行。第六章《产品管理》的第二十九条规定,社会保障卡的芯片应满足的首要条件是,卡芯片应为硬掩膜工艺加工制造的智能卡(CPU 卡)芯片,存储器应由随机存储器(RAM)、只读存储器(ROM)、电可擦可编程只读存储器(EEPROM)组成,不包含其他类型的存储器。据此可知,未来各省在社保卡芯片管理上,应以国家认可的标准为指导,进行统一规划制作。

在对个人进行身份识别上,据本课题组数据分析显示,被调查地区有 39.3% 的地区采用医保号识别,28.6% 的地区采用身份证号识别,25% 的地区选择了社保号识别。在未来,身份识别上应更具一致性,以方便全国统一使用和管理。

鉴于参保对象对社保卡安全性问题的担忧,应不断完善社保卡密钥管理制度。《关于印发"中华人民共和国社会保障卡"管理办法的通知》中提出社会保障卡采用密钥安全技术,实行全国统一的密钥管理体系,对密钥的形成和管控提出了严格的要求。

在这次调查中我们发现,被调查省份的社保卡的密钥管理制度并没有全面建立,虽然已颁布了一些法令作指导,但在实践操作上仍较为薄弱。由于社会保障卡的推行是近年兴起的,政府较多地关注于卡的发行、制作和应用,而忽略了社会保障卡的安全管理,又由于安全管理体系和标准的建立,涉及的领域较为复杂,需要时间进行实践与磨合。因此在未来,安全管理是社保卡建设的重点,政府需要给予足够的支持。

11.5　不断提升信息系统的管理能力

医保信息系统是一项涉及政策、业务、技术等很多方面的庞大系统,需要由统一的管理部门负责总体的项目实施和推进,组织、协调各参与部门的工作,统筹项目实施管理的工作显得尤其重要。

在众多公共建设领域,政策实施的执行难度往往难于技术上的开发和维护,医保信息系统的建设同样也不例外。仅就技术而言,医保信息系统可分为网络、硬件、软件、医保卡、系统安全等不同分支。一般来说,能精通上述各项业务和技术的部门或企业几乎不可能存在,所以即使有很高性能的网络和硬件产品,有成熟的产品平台做支撑,但是没有一个统一的管理部门进行统筹规划、项目推进和组织协调等,信息系统建设仍会重重受挫。

2000年3月,劳动和社会保障部颁布了《关于印发城镇职工基本医疗保险管理信息系统建设指导意见的通知》(劳社厅函〔2000〕30号),提出系统建设的目标、原则、系统结构和技术实施中的一些具体要求,为各地医保信息系统建设提供了指导性的意见。按照这个指导意见的要求,各地的医保信息系统建设陆续开展。而今,一些地区通过医保信息系统的建设和实施,取得了显著成绩,但就总体而言,我国的医疗保险制度和信息化管理系统都处于起步阶段,亟需完善和发展。就医保信息系统而言,各地在医保信息系统建设的技术上、管理方式上没有统一的模式可循,仍处于不断探索和完善的阶段。参与医保信息系统的部门较多,组织管理和协调的难度较大,又由于一些认识和观念上的偏差存在,常把医保信息系统的建设当作一个技术性的问题来处理,忽视了与实际管理环节的衔接等。

2002年8月,中央出台了《中共中央办公厅国务院办公厅关于转发〈国家信息化领导小组关于我国电子政务建设指导意见〉的通知》(中办发〔2002〕17号),全面启动金保工程。金保工程要求在全国范围内建立一个统一、高效、简便、实用的劳动和社会保障信息系统,包含养老保险、医疗保险、失业保险、工伤保险、生育保险等五个部分。

医保信息系统的开发与维护是金保工程建设的重点。金保工程涉及信息资源的整合、优化、重组,主要实现业务经办、公共服务、基金监管和宏观决策四项功能。目前,各省医保信息系统的管理人员应当由人力资源和社会保障厅牵头,统一指挥和领导,而下设信息中心主要实现的是金保工程业务系统的集成,对数据资源进行集中整合,优化、重组金保工程业务流程,实现服务项目的信息化集成办理。其作为实际操作部门,负责政策的执行和维护。信息中心不具有决策能力,具体业务执行需要遵循省人社厅的意见。由此可能形成的局面是在医保信息系统的开发、利用上,人社厅需要有不断的即时的信息流资源顺畅地上传下达,以此对动态和静态条件下内外信息需求进行处理,提高其政务管理的效率。整个过程需要信息中心给予相当的配合,在未来的系统开发上,应适当地给予信息中心一定的权力分配,在整体统一的形势下,又具备一定的灵活性。

信息中心所作的局部、时间上要求较为紧凑的决定,应当及时报备省级人社厅,人社厅可根据运行的实践情况予以一定的指导。在这里,涉及政治学集权与分权的问题,不作过多探讨。但在医疗信息系统的利用上,还需有明确的职责划分,这有利于政策的开展。目前全国在医疗保险信息系统的开发上尚没有明确的标准和规范,各地可根据自己的实践,在省级的一定政策规范下,进行自己的系统研发。在系统研发上,由于各地区在医保信息系统建设的技术、管理方式、数据编码上均没有统一的模式,各异构厂商系统之间不能互联互通,各地市之间乃至同一地市内各县区之间系统建设发展不平衡,不同统筹地区间医保数据无法互联互通。面对这样的情势,在未来的系统建设中,各地应该在省级的统一指挥和政策建议下,对自身的信息规划有明确的目标和实施框架,利用已有的条件,在满足自身需求的同时,完成与省级,甚至是全国的信息对接工作。在未来,如能实现省级,甚至全国信息系统无障碍对接,将解决异地就医等目前医保信息共享障碍方面的现实问题。

11.6 加强安全体系建设以确保系统安全稳定运行

医疗保险业务涉及大量的医疗保险政策、医疗保险基金、个人账户的信息、个人健康状况及就医情况等属于个人隐私的信息,对保密工作具有较高要求,要从物理安全、网络安全、信息安全等方面做好信息安全的防范工作。

物理安全是保护计算机网络设备、设施以及其他介质免遭地震、水灾、火灾等环境事故,以及人为操作失误和各种犯罪行为导致的破坏。本次调查结果显示,大部分地区的机房建设硬件环境不够理想。机房内部条件除在防雷方面符合要求外,仅有75%的地区机房能够保持恒湿,92.9%的地区机房能够保持恒温,78.6%的地区机房能够防尘,96.4%的地区机房能够防静电,71.4%的地区机房能够防水,71.4%的地区机房能够进行气体消防,89.7%的地区机房具有双服务器。这些数据均说明现有的机房条件较差,一旦有突发气候发生,机房现有的应对能力,无法确保数据的安全保存。

关于被调查地区可能出现的异常情况及双机热备能力等情况,被调查地区中11个地区(39.3%)的医疗保险信息系统曾经发生过异常,同时调查数据显示,拥有双机热备能力的地区占所有被调查地区的89.3%。也就是说,就本次调查而言,一旦目前的医保信息系统发生异常,无法进行双机热备的情况将可能达到10.7%。这一情况将严重影响医保数据的传输、处理、保存等,甚至可能导致实时数据的丢失。在门禁管理方面,大部分地区的机房进出入不设门禁系统,管理存在漏洞。仅有53.6%的地区选择了在机房设立门禁系统,其中还有2家未设立门禁系统的管理记录。这也说明了各地区尚未对机房的出入口实现安全防范管理,保护意识不强,管理存在较大漏洞。

网络系统的安全涉及平台的各个方面,根据网络系统实际运行的网络通讯协议(Transmission Control Protocol/Internet Protocol,简称 TCP/IP),网络安全贯穿于信息系统的几个层次,主要有物理层安全、链路层安全、网络层安全、操作系统安全、应用平台安全、应用系统安全。据本课题组统计显示,各地的医保信息系统具有较好的病毒防护能力。绝大多数地区(92.6%)都安装有防病毒软件并定时升级病毒库,96.4%的地区配备了防火墙系统,64.3%的地区能够对外来入侵进行检测,一半的地区能进行流量检测。

信息安全包括信息完整性、保密性、可用性、可控性和可审查性。这是目前各地医保信息中心建设较为薄弱的一环,民众进入网络信息平台,仅 54.2%的地区可以对其个人隐私进行保护,相应的保密措施能够跟进。由此可见,政府在信息安全方面需要给予足够的重视,加强建设和监管。

在医保用卡的使用情况中,管理人员对社会保障用卡的信息安全问题提出质疑,因此如何保障社会保障卡的安全性成为亟需处理的难题。

在数据备份与灾难恢复方面,数据中心的安全防护意识较好,均有较好的防护及备份措施。在所有受调查的地区中,仅有 1 家数据中心没有采取安全防护措施。所有的数据中心均建立了相应的容灾备份系统,其中 11%的地区既有本地备份也有异地备份,26%的地区采取了异地备份的方式,剩余 63%的地区采取了本地备份的方式。这说明各地对数据的备份措施还是相当重视,均进行了相应的防护。

2011 年 9 月,人力资源和社会保障部颁布了《关于印发人力资源和社会保障信息化建设"十二五"规划的通知》(人社部发〔2011〕99 号),其中提出了加强信息安全体系建设的三条意见:

1. 建立健全信息安全保障体系。贯彻落实信息安全等级保护制度,完成人力资源和社会保障已建信息系统的定级整改和测评。加强信息安全基础性工作和基础设施建设,确保等级保护三级及以上信息系统在统一的安全保护策略下具备抵御大规模较强恶意攻击的能力。建立部、省两级信息安全监控中心,完善人力资源和社会保障系统信息安全通报、应急响应和信息安全检查机制。加强信息安全的培训和宣传力度,强化安全意识,全面落实安全管理责任制。

2. 建设统一的电子认证体系。全面开展部、省两级电子认证系统建设,构筑全国统一的人力资源和社会保障网络信任体系。大力推广电子认证系统在人力资源和社会保障业务系统的集成和应用,对于等级保护三级及以上的重要信息系统全面使用数字证书。建立电子认证系统运维保障和服务流程体系,形成完善的面向全国人力资源和社会保障系统的数字证书发放管理机制,基本完成业务人员证书的发放工作。

3. 全面启动灾难恢复体系建设。统筹规划部、省、市信息系统灾难备份系统建设范围、灾难恢复目标、策略和等级。建设部、省两级灾难备份中心和等级保护三级及以上重要信息系统的灾难备份系统,提高重要信息系统数据安全性和业务服务连续性,满足国家信息安全等级保护要求、分级保护要求和灾难恢复能力等级要求。制定运维管理制度、应急响应预案和灾难恢复预案并定期培训和演练。

以国家政策为导向,各省医保信息系统的建设应在原有的基础上,加强硬件机房的建设,以备未来业务扩展的需要,落实各地门禁管理。加强信息安全体系标准和规范的建立,实施信息安全评估、预警机制(可借鉴上海市医保信息中心根据 ISO27001 国际标准,建立起信息安全管理体系),并发展电子认证、密钥技术等。继续完善容灾备份机制。

11.7 积极推进互联网公共服务能力

应当积极推进互联网公共服务能力,并与其他公共查询系统相配合,提升公共服务水平和监管决策能力。

考虑到目前各省医保信息系统的整体发展水平,课题组仅就信息系统提供的较为基础的医保公共服务建设情况进行了调研,多数地区(64.3%)的网站能够保证参保人员查询到最新的缴费记录和其他信息,89.3%的地区具备网上投诉和互动平台,64.3%的地区其劳动保障网站可与其他相关信息网站进行网络互连。较为薄弱的是,仅54.2%的地区采取了对个人隐私进行保密的措施。绝大多数信息中心(92.6%)安装有防病毒软件并定时升级病毒库。96.4%的地区配备了防火墙系统,64.3%的地区能够对外来入侵进行检测,一半的地区具有流量检测系统。

未来在医保网站建设的过程中,在保证一定安全性的前提下,为便捷参保人了解自身的参保、消费情况,同时增加医疗保险业务经办的透明度,实现医疗保险的政务公开等,有必要扩展公共查询服务系统来提升政府的公共服务水平。需要考虑到的是,如何使公众方便地利用到这一查询系统,这一查询系统如何用一种简明的方式成为公众查询医保信息的主要选择手段之一。现今各地都已加快电话咨询服务系统和基层信息服务平台的建设。12333电话咨询服务的业务范围越来越广泛,通过这一服务,参保人可以方便地了解自己医疗保险的各种信息。而定点医疗机构和医保经办的触摸屏查询,也作为一种较为直接和容易建设的模式投入使用。

国家一直积极鼓励建设政府网站,作为公共窗口让广大群众快速查找相关资料。据2011年9月,人力资源和社会保障部颁布的《关于印发人力资源和社会保障信息化建设"十二五"规划的通知》(人社部发〔2011〕99号),其统计的"十一五"人力资源社会保障信息化建设主要指标实现情况,其中一项地市级以上政府网站开通率为94.5%,可见政府网站建设在公共服务领域占据重要一席。在《关于下发〈人力资源社会保障公共服务信息资源库存分类和编码规范〉的通知》(人社信息函〔2010〕52号)中,对医疗保险相关编码作出了一定规范。

政府也一直鼓励为群众建立方便快捷的电话咨询服务。据《关于印发人力资源和社会保障信息化建设"十二五"规划的通知》中统计的"十一五"人力资源社会保障信息化建设主要指标实现情况,其中一项开通 12333 地市数为 295,其中建立电话咨询服务系统或依托全省统一电话咨询服务平台开展工作的地市数为 199。截至 2012 年 4 月,全国已有 284 个地级城市开通 12333 电话咨询服务,占全国地级城市的 85.6%。2011 年,全国电话总量超过 6 184 万次,其中人工接听为 2 075 万次,全国有近 3 000 名工作人员,坐席总数逾 2 500 个。金保工程中提出的四项功能中也指出,其中之一需要完善公共服务,而 12333 是目前提升这一服务的主要建设目标之一。

金保工程的总体性目标要求金保工程中的政府信息资源经过系统规划后,能够将后台业务系统中重组、优化、整合的信息资源以政府门户、电话咨询服务中心、社区业务经办窗口等前台方式,向社会民众提供具体的"一揽子"公共服务项目,以此实现社保业务信息化检索和复杂事务处理的公共管理与服务的建设目标。由此可见,信息资源的开发和利用与民众的利益紧密地联系在一起,有必要对互联网公共服务能力及延伸的服务项目进行不断的梳理和改革。

第12章 大数据时代医保信息系统建立的注意事项

大数据已成为继物联网、云计算之后又一个被热捧的新概念。各类应用数据快速积累推进整个社会进入大数据时代。将大数据作为信息技术发展方向和行业应用方向给予投入的同时,我们也必须对大数据有全面、具体的认识,才能充分发挥它的技术价值。近几年来信息化建设不断深入,数据量不断增加,统筹层次不断提高,业务数据快速增长,使得社会医疗保险信息系统正不断进入大数据时代。在大数据时代如何推进信息基础平台建设、开展应用系统研发、进行数据质量处理与分析以及如何保障数据安全等,都是需要思考的问题。

本章主要对大数据的产生和概念进行阐述,介绍在大数据背景下新兴的具体技术方法,包括 Hadoop 架构、NoSQL 数据库以及数据挖掘技术,并从医保信息系统建设的角度出发,对大数据环境下信息系统建设与数据分析等具体问题进行了探讨。

12.1 大数据的定义与工具

随着社会的进步和信息通信技术的发展,信息系统在各行业、各领域快速拓展。这些系统采集、处理、积累的数据越来越多,数据量增速越来越快。从商业公司的企业内部各种管理数据,到移动终端与消费电子产品的社会化数据,再到互联网产生的海量信息数据等,每天世界上产生的信息量正在飞速增长。研究机构

IDC"数字宇宙"的研究结果表明,2011 年,全球数据总量就达到了1.8ZB(即 1.8 万亿 GB),其增长速度超过摩尔定律。

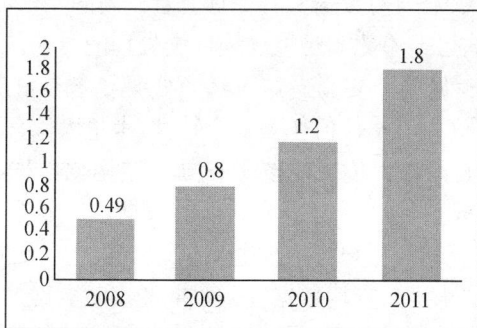

图12-1 IDC 2008—2011 年全球数字信息总量(单位:ZB)

大数据时代来临,使得适应和应对数据增长成为整个社会关注的焦点。到目前为止,大数据还没有形成一个统一的定义,一般是指数据量巨大、数据形式多样的以半结构化和非结构化数据为主的数据集合。研究机构 Gartner 给出了这样的定义:"大数据"是需要新处理模式才能具有更强的决策力、洞察发现力和流程优化能力的海量、高增长率和多样化的信息资产。

在信息社会,信息可以划分为两大类。一类信息能够用数据或统一的结构加以标识,我们称之为结构化数据,如数字、符号;而另一类信息无法用数字或统一的结构标识,如文本、图像、声音等,称之为非结构化数据。随着报表、账单、影像、办公文档等在企业中的普遍使用,互联网上视频、音乐、网络游戏等不断发展,越来越多的非结构化数据将进一步推动数字宇宙的爆炸。所以数据不仅海量,而且复杂,同时数据之间又具备一定的关联性。

大数据具有以下五个特点:

1. 数据量大,数据规模能够达到 PB 级。数据量庞大是大数据最明显的特征。

2. 以非结构化数据为主。在数据来源、编码方式、数据格式、应用特征等多个方面,大数据显示出了类型繁多的特点。

3. 要求实时处理,快速反应。涉及感知、传输、决策、控制开放式循环的大数据,对数据实时处理有着极高的要求,通过传统数据库查询方式已经不能满足大规模数据处理的要求。

4. 数据持续不断更新。这一特点强调了数据在特定时间和空间中的意义(也有将价值作为一个特性,考量大数据的价值性)。

5. 高度复杂性。传统的技术在处理结构化数据方面具有优势,但是大数据时代百分之八十以上的数据是以非结构化形式存在的音、视频资料和用户生成信息,体现出高度复杂性特征,需要应用新的方法来满足异构数据统一存取和实时数据处理的需求。

正由于大数据具备以上特点,使得传统数据仓库系统不适用于大数据的分析。大数据需要特殊的技术、工具来支撑和实现,现在提及"大数据",通常也是指解决问题的一种方法,一个新的视角和工具,即通过收集、整理企业中方方面面的数据,并对其进行分析挖掘,进而从中获得有价值信息,甚至是一种新商业模式的创新。纵观人类历史,每一次划时代的变革都是以新工具的出现和应用为标志。如今大数据时代已经到来,它源自信息时代,又是信息时代全方位的深化应用与延伸。大数据时代的生产原材料是数据,新产生的生产工具则是批量分布式并行计算、实时分布式高吞吐高并发数据存取处理、超高速数据装载、海量数据存储系统、数据分析系统、数据安全管理、应用系统整合平台以及云计算平台等,开展对信息时代所产生的海量数据的研究挖掘,从而快速地获取有价值的技术应用。

12.2 Hadoop 架构

Hadoop 是指一个分布式系统基础架构,由 Apache 基金会开发,它的最主要功能是实现海量数据的分析,这在大数据时代到来时是非常重要的。用户可以在不了解分布式底层细节的情况下,开发分布式程序,充分利用集群的威力来实现高速运算和存储。

Hadoop 框架中最核心的设计是 MapReduce 和 HDFS。MapReduce 是指"任务的分解与结果的汇总",HDFS(Hadoop Distributed File System)则是 Hadoop 分布式文件系统的缩写,它为分布式计算存储提供底层支持。

MapReduce 实际上由两个动词 Map 和 Reduce 组成,"Map(展开)"是指将一个任务分解成为多个任务,"Reduce"则是将分解后多任务处理的结果汇总起来,得出最后的分析结果。不论是现实社会,还是在程序设计中,一项工作往往可以被拆分成为多个任务,任务之间的关系可以分为两种,一种是不相关的任务,可以并行执行,另一种是任务之间有相互的依赖,先后顺序不能够颠倒,这类任务是无法并行处理的。在分布式系统中,机器集群相当于硬件资源池,将并行的任务拆分,然后交由每一个空闲机器资源去处理,能够极大地提高计算效率,同时这种资源无关性,对于计算集群的扩展无疑提供了最好的设计保证。任务被分解处理后,还需要将处理以后的结果再汇总起来,这就是 Reduce 所要做的工作。

HDFS 则是分布式计算的存储基石,Hadoop 的分布式文件系统和其他分布式文件系统有很多类似的特质。分布式文件系统具有基本的几个特点:第一,对于整个集群有单一的命名空间;第二,数据具有一致性,这适合一次写入多次读取的模型,客户端在文件没有被成功创建之前无法看到文件存在;第三,文件会被分割成多个文件块,每个文件块被分配存储到数据节点上,而且根据配置会由复制文件块来保证数据的安全性。

Hadoop 的分布式计算平台使得用户可以轻松地进行开发和运行处理海量数据的应用程序。它的主要优点包括可扩展性、经济性、可靠性和高效性。不论是存储的可扩展还是计算的可扩展都是 Hadoop 的设计根本。经济性的特点主要体现在,Hadoop 框架可以运行在任何普通的微型计算机上。分布式文件系统的备份恢复机制以及 MapReduce 的任务监控保证了分布式处理的可靠性。最后，分布式文件系统的高效数据交互实现以及 MapReduce 结合 Local Data 处理的模式，为高效处理海量的信息作了基础准备。

最早 Hadoop 架构被提出来就是为了适应海量数据分析，它将海量数据分割成多个节点，然后对每一个节点进行并行计算，将得出的结果归并到输出。同时第一阶段的输出又可以作为下一阶段计算的输入，类似于一个树状结构的分布式计算图，在不同阶段都有不同产出，同时并行和串行结合的计算也可以很好地在分布式集群的资源下得以高效的处理。

12.3　NoSQL 数据库

NoSQL 数据库是指非关系型的数据库。随着互联网 web2.0 网站的兴起，传统的关系数据库在应付 web2.0 网站，特别是超大规模和高并发的 SNS 类型的 web2.0 纯动态网站时，越来越显得力不从心，暴露了很多难以克服的问题，而非关系型的数据库则由于其本身的特点得到了非常迅速的发展。

在 20 世纪 90 年代，网站的访问量一般都不大，而传统的关系数据库由于稳定性高，而且使用简单，功能强大，完全可以轻松应付。那时更多的是静态网页，动态交互类型的网站不多。然而在最近十年，网站开始快速发展。火爆的论坛、博客、微博逐渐引领网页领域的潮流。大数据量、高并发环境下使得关系型数据库应用开发遇到前所未有的巨大挑战和困境，包括：

1. 数据库高并发读写的需求

web2.0 网站要根据用户个性化信息来实时生成动态页面和提供动态信息，因此基本上无法使用动态页面静态化技术，数据库并发负载非常高，往往要达到每秒上万次读写请求。关系数据库能够应对上万次的 SQL 查询，但是超过上万次的 SQL 写数据请求,硬盘的输入输出接口就无法承受了。

2. 海量数据的高效率存储和访问的需求

对于大型的社会性网络服务网站,每天用户产生海量的用户动态,以国外的 Friend feed 为例,一个月就达到了 2.5 亿条用户动态,对于关系数据库来说,在一张 2.5 亿条记录的表里面进行 SQL 查询,效率是极其低下的。

3. 数据库的高可扩展性和高可用性的需求

在基于网页的架构当中,数据库是最难进行横向扩展的,当一个应用系统的用户量和访问量与日俱增的时候,数据库无法像网页服务器和应用服务器那样简单地通过添加更多的硬件和服务节点来扩展性能和负载能力。对于很多需要提供二十四小时不间断服务的网站来说,对数据库系统进行升级和扩展是非常痛苦的事情,往往需要停机维护和数据迁移。

在这种情况下,非关系型、分布式数据存储得到了快速的发展,NoSQL 概念在 2009 年被提了出来。对 NoSQL 最常见的解释是"non-relational","Not Only SQL"也被很多人接受。NoSQL 被应用得最多的是 key-value 存储,当然还有其他的文档型的、列存储、图型数据库、xml 数据库等。

NoSQL 数据库与传统关系数据库相比,具有易扩展、高性能、灵活的数据模型和高可用性等四大优势。NoSQL 数据库种类繁多,但是一个共同的特点是都去掉了关系数据库的关系型特性。数据之间无关系,这保证了其扩展性很强。无形间也从架构的层面上带来了可扩展的能力。NoSQL 数据库都具有非常高的读写性能,尤其在大数据量下,同样表现优秀。这得益于它的无关系性,以及数据库的结构简单。NoSQL 无需事先为要存储的数据建立字段,随时可以存储自定义的数据格式。而在关系数据库里,增删字段是一件非常麻烦的事情。同时,NoSQL 在不太影响性能的情况下,能够方便地实现高可用的架构。

NoSQL 数据库的出现,弥补了关系数据库在某些方面的不足,能极大地节省开发成本和维护成本。

12.4　数据挖掘技术

大数据是近年来的时髦词汇,正受到越来越多人的关注和谈论。在大数据时代,数据挖掘(Data Mining)是最为关键的工作。数据挖掘又称数据库中的知识发现,是目前人工智能和数据库领域研究的热点问题。

所谓数据挖掘是指从数据库的大量数据中揭示出隐含的、先前未知的并有潜在价值的信息处理过程。数据挖掘是一种决策支持过程,它主要基于人工智能、机器学习、模式识别、统计学、数据库、可视化技术等,高度自动化地分析企业的数据,作出归纳性的推理,从中挖掘出潜在的模式,帮助决策者调整市场策略,减少风险,作出正确的决策。

数据挖掘能够从大量的、不完全的、有噪声的、模糊的、随机的实际应用数据中,提取隐含在其中的、人们事先不知道的、但又是潜在有用的信息和知识的过程。这个定义包括好几层含义:首先,数据源必须是真实的、大量的、含噪声的;其次,数据挖掘发现的是用户感兴趣的知识;第三,发现的知识要可接受、可理解、可运用。从实际应用的角度讲,数据挖掘是一种新的商业信息处理技术,其主要特点是对商业数据库中的大量业务数据进行抽取、转换、分析和其他模型化处理,从中提取辅助商业决策的关键性数据。

就其本质而言,数据挖掘是一类深层次的数据分析方法。数据分析本身已经有很多年的历史,只不过在过去数据收集和分析的目的是用于科学研究,另外,由于当时计算能力的限制,对大量数据进行分析的复杂数据分析方法受到很大限制。现在,由于各行业业务自动化的实现,商业领域产生了大量的业务数据,这些数据不再是为了分析的目的而收集,而是由于纯机会的商业运作而产生。分析这些数据也不再是单纯为了研究的需要,更主要是为商业决策提供真正有价值的信息,进而获得利润。但所有企业面临的一个共同问题是,企业数据量非常大,而其中真正有价值的信息却很少。因此从大量的数据中经过深层分析,获得有利于商业运作、提高竞争力的信息,就像从矿石中淘金一样,数据挖掘也因此而得名。

数据挖掘通过预测未来趋势及行为,作出前瞻的、基于知识的决策。数据挖掘的目标是从数据库中发现隐含的、有意义的知识,主要有以下五类功能。

1. 自动预测趋势和行为

数据挖掘自动在大型数据库中寻找预测性信息,以往需要进行大量手工分析的问题如今可以迅速直接由数据本身得出结论。一个典型的例子是市场预测问题,数据挖掘使用过去有关促销的数据来寻找未来投资中回报最大的用户。其他可预测的问题包括预报破产以及认定对指定事件最可能作出反应的群体。

2. 关联分析

数据关联是数据库中存在的一类重要的可被发现的知识。若两个或多个变量的取值之间存在某种规律性,就称为关联。关联可分为简单关联、时序关联、因果关联。关联分析的目的是找出数据库中隐藏的关联网。有时并不知道数据库中数据的关联函数,即使知道也是不确定的,因此关联分析生成的规则带有可信度。

3. 聚类

数据库中的记录可被划分为一系列有意义的子集,即聚类。聚类增强了人们对客观现实的认识,是概念描述和偏差分析的先决条件。聚类技术主要包括传统的模式识别方法和数学分类学。20 世纪 80 年代初,Mchalski 提出了概念聚类技术的要点是,在划分对象时不仅考虑对象之间的距离,还要求划分出的类具有某种内涵描述,从而避免了传统技术的某些片面性。

4. 概念描述

概念描述是对某类对象的内涵进行描述,并概括这类对象的有关特征。概念描述分为特征性描述和区别性描述,前者描述某类对象的共同特征,后者描述不同类对象之间的区别。生成一个类的特征性描述只涉及该类对象中所有对象的共性。生成区别性描述的方法很多,如决策树方法、遗传算法等。

5. 偏差检测

偏差检测的基本方法是寻找观测结果与参照值之间有意义的差别。数据库中的数据常有一些异常记录,从数据库中检测这些偏差很有意义。偏差包括很多潜在的知识,如分类中的反常实例、不满足规则的特例、观测结果与模型预测值的偏差、量值随时间的变化等。

12.5　大数据背景下医保信息系统的应用前景

随着医疗保险数据的不断增加和统筹层次的不断提高,医保信息系统所存储的各种数据越来越多。在这种大数据背景下,医保信息系统需要把握最前沿技术,利用 Hadoop 架构、NoSQL 数据库以及数据挖掘等技术,对于海量数据进行统计、分类、预警和精准分析等,为参保人群提供更方便周到的服务。

1. 实现智能信息检索

智能信息检索是在用户分析的基础上,根据用户的疾病信息、医疗喜好和消费习惯建立用户保健模型,并按照用户保健模型,对用户提供个性化、差异化的高效率信息检索系统,即尽量多地找到与用户感兴趣的主题相关的文档,同时又尽量少地去除与主题不相关的文档。

在大数据背景下,智能信息检索的设计主要体现在"个性化"和"智能化"两个方面。理想的智能信息检索应该达到如下目标:第一,系统自动监测用户行为,收集用户浏览信息的习惯,熟悉用户的兴趣爱好,建立一定的用户描述,主动去搜集相关信息,向用户提供个性化的信息;第二,针对用户查询请求自动向用户提供相关文档页面,不需用户重复发现知识;第三,检索速度快,能够快速地返回查询结果;第四,高精确度和召回率;第五,提供友好的用户接口界面,用户接口使用自然语言理解与分析。

同时,也可以根据地区间的医保数据的流动性,发现区域间医疗技术的不平衡。在不同地区,都存在着一定的传统优势学科,这导致了医疗保险费用的流动呈现不均衡趋势。通过对这些不平衡的统计,能够更好地调控各地区的医疗专业水平,为医保政策的宏观制定提供经验数据。

2. 整合不同统筹层次的医保数据,形成整体的、统一的医保信息库

数据整合的作用在于,整合了不同业务系统和业务平台的数据,能够有效地避免数据冗余,保证数据的一致性,以及对数据命名和使用的规范。目前,医疗保险信息系统的数据一般分布在不同的系统中,如果要统一医疗保险所有的业务数据,就必须提供一个完整的医疗保险数据模型,该模型应该能够自动抽取、保存现有数据,且能满足医疗保险业务管理的需要。医疗保险信息系统的数据整合就是按照统一的数据标准和规则,将分散在各个业务子系统中的各项业务数据整合到统一的医疗保险信息数据仓库中,最终形成统一的视图。

3. 对参保人员进行数据统计并设置预警系统

随着计算机技术、网络技术、通讯技术、互联网技术的迅速发展和医院信息系统、新农合信息系统的普及,医疗保险信息系统在工作过程中产生了大量的数据,这些数据和由此产生的信息是参保人员的宝贵财富,它如实地记录着参保人员身体变化的各项状况。但是面对如此大量的数据,传统的数据分析方法,如数据检索、统计分析等只能获得数据的表层信息,不能获得其内在的、深层次的信息,管理者面临着数据丰富而知识贫乏的困境。如何利

用数据挖掘技术,从这些海量数据中提炼出针对不同参保人员的不同的保健知识,这也是医保信息系统未来应该考虑发展和完善的方向。

医保信息系统不但要实现查询、记录、统计等功能,在未来还应帮助参保人员管理自身的健康数据,建立起健康预警系统,以帮助人们预防疾病、应付疾病、解决疾病。在大数据背景下,医保信息系统应该能够做到帮助参保人员及时准确地获取所需要的各项信息,迅速捕捉到身体可能发生疾病危险的一切事件和先兆,进而帮助人们采取有效的规避措施和预防行动,力求在疾病发生之前就对其进行控制和防治。

参 考 文 献

[1] Reinhold Haux. Health information systems—past, present, future[J]. International Journal of Medical Informatics 2006(75):268 - 281.

[2]A model of awareness to enhance our understanding of interprofessional collaborative care delivery and health information system design to support it[J]. International Journal of Medical Informatics(2011)80:150 - 160.

[3] Tiina Mäenpää, Tarja Suominen,et al. The outcomes of regional healthcare information systems in health care: A review of the research literature[J]. International Journal of Medical Informatics 2009(78):757 - 771.

[4] Marianne Bush, Albert L Lederer, et al. The alignment of information systems with organizational objectives and strategies in health care[J]. International Journal of Medical Informatics 2009(78):446 - 456.

[5] Marianne C Maass, Paula Asikainen. Usefulness of a Regional Health Care Information System in primary care :A case study [J]. Computer Methods and Progrogams in Biomedicine 2008 (91): 175 -181.

[6] D A Ludwick, John Doucette. Adopting electronic medical records in primary care: Lessons learned from health information systems implementation experience in seven countries [J]. Original

Research Article International Journal of Medical Informatics,2009(78):
22 – 31.

[7] Chien-Tsai Liu, Pei-Tun Yang, Yu-Ting Yeh, et al.
The impacts of smart cards on hospital information systems—An
investigation of the first phase of the national health insurance
smart card project in Taiwan Original Research Article [J].
International Journal of Medical Informatics, 2006 (75): 173
– 181.

[8] João L Carapinha, Dennis Ross-Degnan. Health
insurance systems in five Sub-Saharan African countries:
Medicine benefits and data for decision making [J]. Health
policy,2011(99):193 – 202.

[9]K Wilkins, P Nsubuga, J Mendlein, et al. The Data for
Decision Making project: assessment of surveillance systems in
developing countries to improve access to public health
information[J]. Original Research Article Public Health, 2008
(122): 914 – 922.

[10]Diego M Lopez,Bernd G M E Blobel. A development
framework for semantically interoperab- le health information
systems[J]. International Journal of Medical Informatics, 2009
(78): 83 – 103.

[11] Juha Mykkänen, Annamari Riekkinen, Marko
Sormunen, et al. Designing web services in health information
systems: From process to application level[J]. International
Journal of Medical Informatics,2007(76):89 – 95.

[12] Henry Lucas. Information and communications
technology for future health systems in developing countries[J].
Social Science & Medicine,2008(66):2122 – 2132.

[13]Debra Revere, Anne M Turner, Ann Madhavan, et al.

Understanding the information needs of public health practitioners: A literature review to inform design of an interactive digital knowledge management system [J]. Journal of Biomedical Informatics,2007(40):410-421.

[14]Keyong Dong. Medical insurance system evolution in China[J]. China Economic Review,2009(20):591-597.

[15]Adam Wagstaff, Magnus Lindelow, Gao Jun, et al. Extending health insurance to the rural population: an impact evaluation of China's new cooperative medical scheme [J]. Journal of Health Economics,2009(28):1-19.

[16] Blumenthal and W Hsiao. Privitization and its discontents the evolving Chinese health care system[J]. The New England Journal of Medicine,2005(353):1165-1170.

[17]邹新国.医疗保险管理信息系统的分析与设计[D].济南:山东大学,2007.

[18]林毓铭.社会保障金保工程的公共服务与实现机制[J].社会保障研究,2009(1):2-75.

[19]李锐.云南省城镇居民医疗保险信息系统开发研究[D].昆明:云南大学,2010.

[20]钱炎.医疗保险系统中信息处理关键技术研究[D].南京:南京航空航天大学,2005.

[21]郭红.医保系统中IC卡的安全应用设计[D].南京:南京理工大学,2007.

[22]阳辉.医疗保险管理信息系统[D].成都:四川大学,2001.

[23]朱继团.城镇职工基本医疗保险信息管理系统建设和实施工作探讨[D].广州:广东工业大学,2004.

[24]高志洪.医保计算机系统中IC卡的安全设计[D].南京:南京理工大学,2004.

[25]李志林.城镇居民医疗保险管理信息系统的设计与实现[D].济南:山东大学,2008.

[26]郑斌.社保卡信息系统的研究与设计[D].合肥:合肥工业大学,2010.

[27]高鹏.大连市金保工程信息系统规划研究[D].大连:大连理工大学,2008.

[28]卢晓凯.合肥市金保工程业务[D].合肥:合肥工业大学,2008.

[29]李婵娟.金保工程评价指标体系研究[D].大连:大连理工大学,2007.

[30]邓小英,邓雷群,董曙辉.社会保险信息化建设的主要障碍与发展策略[J].南昌大学学报(人社版),2003,7(34):49-54.

[31]吕丽娟.金保工程一期网络和安全建设成果及二期建设思路[J].实践探究,2010(10):12-13.

[32]莫丽宏.论社会保险信息化的意义和作用[J].理论界,2007(7):110.

[33]宫彦婷,常建国.持卡就医实时结算促进医院信息化系统高度整合[J].医疗卫生装备,2010(8):101-102.

[34]张秋菊.大连市医疗保险计算机管理信息系统[J].上海微型计算机,1998(5):35-36.

[35]杨红军.门禁管理系统[J].设计研究,2008(1):60-61.

[36]圭亚.社会保障号码作用大[J].中国社会保障,2010(5):19.

[37]范建华,赵文.容灾备份异地架构在"不可抗力因素"下的应用研究[J].陕西理工学院学报(自然科学版),2011(3):54-59.

[38]宋宝磊.门禁管理系统的研究与应用[J].中国安防,2009(10):55-56.

[39]王悦.搭建容灾备份中心保障电子政务系统安全[J].信息系统工程,2010(8):60-61.

[40]蒋宇翔.浅谈县级市数据容灾备份中心建设的设计思想[J].安全视窗,2011(6):54-56.

[41]徐飚.社保信息系统中容灾备份系统的实现分析[J].科技资讯,2011(1):230.

[42]李宏儒,刘小辉.医保数据处理系统的开发与设计[J].医疗装备,2008(6).12-13.

[43]刘敏超,宗静.医疗保险实时结算的问题与对策[J].医疗卫生装备,2010(12):118-119.

[44]方力,谢华成.医院管理信息系统的安全策略研究[J].电脑编程技巧与维护,2011(18):124-125.

[45]颜丙通."金保"工程建设中的规划方案设计[J].现代企业教育,2008(9):157-158.

[46]孙培源."金保工程"建设中的几个难点探讨[J].中国科技信息,2005(3):78.

[47]常盼盼.云计算在医疗信息系统中的应用与思考[J].医学信息,2010(9):2579-2580.

[48]陈建民,邱智勇,骆敬年.云计算数据处理在电网故障信息系统主站中的探索[J].华东电力,2011(4):588-590.

[49]李晴,杨春,谢忠.云计算环境下的管理信息系统发展趋势研究[J].科技管理研究,2011(18):140-143.

[50]林伟伟,齐德昱.基于云计算的 HIS 研究[J].电信科学,2010(8a):44-47.

[51]陈康,郑纬民.云计算:系统实例与研究现状.软件学报,2009,20(5):1337-1348.

后　记

　　医疗保险信息系统是促进医疗保险政策不断推进的重要工具，一个统一的、高效的医疗保险信息系统能够极大地提高医保工作人员的服务水平和工作效率，更好地服务参保人员。本书在对医疗保险制度的发展历程进行全面回顾和梳理的基础上，分析了我国医保信息系统的通用业务需求，针对目前大量医保地区重复低水平建设医保信息系统、上下级医保信息系统难以接口等现实问题，提出建立基于"云计算"的医保云系统，并立足于大数据时代，分析了我国医保部门建立信息系统能使用的技术工具，对面临的相关问题进行深入的探讨。

　　本书在撰写和修改的过程中，得到了东南大学公共卫生学院医疗保险系主任张晓老师的指点和帮助，得到了各地医保基金和研究会的大力支持。在课题调研过程中，蒋露露、丁婷婷、章蓉、许珍子、高翠、杜巍等研究生投入了大量精力和时间对数据进行收集、整理、加工和分析，刘蓉、张华老师对本书提出了很多建设性意见，傅晨、王晓光参与了本书的校对工作，在此一并致谢。

　　本研究得到了国家自然科学基金项目(71103033)以及江苏省医疗保险研究会项目(8125009022)的大力资助。

　　在本书正式面世之际，我真诚地向以上各位良师益友，以及在过去岁月中曾经给过我帮助、启迪的各位朋友，表示衷心的感谢！

路云